絵葉書と切手で知る

クリスマスの世界

木村 正裕

切手の博物館

目次 *contents*

A JOULUA
Hyvää Joulua ja
Onnellista Uutta Vuotta!

A Merry Christmas
Joulurauhaa

はじめに　*Introduction*

私がクリスマスの行事や文化に関心を持ったきっかけは、子供の頃に家で行われていたクリスマスパーティーでした。昭和40年代前半は日本でもクリスマスのお祝いが各家庭に入り込み始めた時期で、我が家もその例外ではなかったのです。その頃の我が家のクリスマスパーティーは、小さなクリスマスツリーを飾り、ごちそうやクリスマスケーキを食べるという当時としてはごく普通のものでした。一晩明けると枕元にクリスマスプレゼントがあって、「寝ている間にサンタさんが来て置いていったんだよ」という話も面白く思いました。

クリスマスパーティーでは、私が式次第を作り、自ら司会を行い、両親や親戚に余興のようなものをさせるなど会の進行を担っていたのですから、当時からクリスマスの行事にかなりの興味を持っていたのでしょう。また、キリスト教系の幼稚園に通っていたことからクリスマスにはイエス・キリスト誕生の物語の劇をやった経験などもあり、子供の頃から大人になるまでクリスマスに関する事柄を調べることが楽しく、趣味になりました。

私の他の趣味としては、郵便に関する物を集めたり研究したりする「郵趣」があります。ある年のこと、フィンランドで地元の郵趣クラブの例会に出席する機会がありました。そこで手に入れた絵はがきセットを見てみると多くのクリスマスグリーティングのカードが入っており、描かれているきれいな、そして独特の図案の世界にすっかり魅了されました。今ではクリスマスカードだけではなく、そこに描かれているクリスマス飾りやグッズなどを集めたり手に取ったりすることで、クリスマスという行事やその文化的背景にいつのまにかすっかり夢中です。

本書を通じてクリスマスカードや切手に描かれるクリスマス文化が、読者の方にとっても、より身近で楽しめるようになれれば良いと願っています。

木村 正裕

第1章

クリスマスのひみつ

Secrets of Christmas

第1章

クリスマスものがたり

The Christmas story

1

クリスマスの物語は、どのようにして出来たのでしょう。クリスマスといえばキリストの誕生を祝う日です。しかしキリスト教成立当時は、キリストの誕生日を祝うという習慣はありませんでした。キリストの死からの復活は「救世主」としての証拠として神聖視されていた重要な出来事でしたので、そちらの方が祝われていたようです。これは後に「イースター」という行事になります。その後、３世紀になるとキリストが救世主として地上に来たことも神聖視されるようになりました。そのようなわけで、聖書にはキリストの誕生日について書いていないだけでなく、キリストの誕生の経緯も福音書によって異なっています。

イエス・キリストの誕生に関する説話は新約聖書の福音書のうち、「マタイによる福音書」と「ルカによる福音書」の二つの福音書で描かれています。現在知られているキリスト誕生のストーリー「クリスマスものがたり」は、この二つの福音書の「見どころ」をミックスし、さらに聖書外典からの逸話を加えて成立してきました。

聖母マリアの受胎告知

2

クリスマス劇を行う子供たち

3

1. クリスマスカード
「三博士の訪問」
(1911年 ベルギーで使用)

2. 小型切手シート
「ルーヴル美術館・受胎告知」
(フランス 2005年発行)

3. 小型切手シート
「子供のクリスマス劇」
(オーストラリア 1986年発行)

聖母マリアの受胎告知・処女懐胎からはじまり、ベツレヘムにたどり着いても宿屋に泊まれず、家畜小屋で誕生、ヘロデ大王の虐殺から逃れるためのエジプトへの脱出というものです。羊飼いたちは天使と天の軍勢によって誕生を知らされ、家畜小屋にやってきます。一方、三人の占星術師(三博士)は星に導かれて東方からやってきます。このような一連の降誕説話を基に、各種のクリスマス行事や絵画、音楽で誕生の物語が描かれています。たとえばキリスト教系の幼稚園や学校向けに、「降誕劇」や「クリスマスのお祝いの仕方」などを行うための手引き書も発行されています。

クリスマスカードやクリスマスの切手にも、この「クリスマスものがたり」の色々な逸話をテーマとして取り上げている例が数多く見られますので、キリスト教圏の国々ではそのような絵柄を見ることでキリストの生誕に毎年、心を寄せているのです。

東方の三博士と羊飼い

The three wise men and the shepherds

1

「マタイによる福音書」によれば、東方からの占星術博士は出現した星によりキリストの生誕を知ります。色々な絵画や美術作品では、この占星術博士が飼い葉桶のなかのキリストをのぞき込んだり、拝んだりするシーンが描かれています。この博士ですが、実は聖書では数までは書かれていません。占星術博士からの贈り物が黄金、乳香、没薬(もつやく)の三種類だったというところから、アレクサンドリアのオリゲネスという人が、きっと占星術博士は三人だったのだと言い出して、そのまま定着したのです。さらに6世紀頃には、三人の博士の名前が「メルキオール」、「カスパール」と「バルタザール」ということになり、またそれぞれの年齢が老人、若者、中年とされたり、ヨーロッパ人、アジア人、アフリカ人とされたり、徐々に色々な肉付けがなされたようです。

絵画やクリスマスカード、切手の図案でも、大抵、博士たちのうちの一人は黒人として描かれ、また、それぞれが贈り物を手に持ってるのは、後世になってからの設定が生かされた結果と考えられます。

東方から来た三人の占星術博士

2

5

占星術博士からの
贈り物
「黄金」「乳香」「没薬」

7

「妙なるしらべ」を奏でる天使たち

ベツレヘムの星は救世主が
降誕したことを知らせました

3

4

6

キリストの生誕を知った羊飼い

1. クリスマスカード「ベツレヘムの星とキリスト生誕」（1930年代 フィンランドで使用）
2. 切手二連刷「キリストのもとに向かう三博士」（ベネズエラ 1973年発行）
3. 切手「星に祈りを捧げる少女」（オーストラリア 1957年発行）
4. 切手「ベツレヘムの星」（ノーフォーク諸島 1963年発行）
5. セルフ糊切手帳「黄金、乳香、没薬」（ニュージーランド 2005年発行）
6. 切手「馬小屋を訪れる羊飼い」（バハマ 2008年発行）
7. 切手３種「クリスマス切手・天使」（ブラジル 1978年発行）

さて、この三博士を招いた星はベツレヘムの星ともいわれますが、この世に救世主が降誕したことを知らせた重要なアイテムということで、絵画やクリスマスカードにはよく取り上げられる題材の一つです。またクリスマスツリーの先端部に飾る星がこのベツレヘムの星であることはいうまでもありません。

一方、「ルカによる福音書」では、キリストの生誕を知らされることになるのは羊の番をしていた羊飼いたちという事になっています。天使と天使の軍勢により知らされたということですが、そのときに「妙なるしらべ」が聞こえたという話からクリスマスの絵画や行事に登場する天使は楽器を持っていることが多いのです。そのような理由で羊飼いや天使などもクリスマスカードの絵柄の定番としてよく取り上げられています。

イエス・キリストは馬小屋で生まれた？

Was Jesus Christ born in the stable ?

1

キリスト教徒の少ない日本でも、キリストは馬小屋の中の「飼い葉桶」で誕生したということが広く知られています。そこで、この話をヨーロッパ人の友人に話したところ怪訝そうな顔をされてしまいました。ヨーロッパではキリストは「家畜小屋」で生まれたことになっているようです。「教会でも家畜小屋と聞いた。でも馬もいたのかな？」との声が多数あったので調べてみました。

確かにキリスト生誕を描いた西洋絵画では馬小屋らしいところが場面になっていることが多いのですが、よく見るとそこにいる家畜は牛とロバでした。慌てて我が家にある「クリブ＝キリスト生誕の場面の模型」を再度見てみると、馬と思って見ていた人形は確かにロバで、家畜としては他に牛の人形がありました。つまりキリストが誕生したのは馬小屋ではなく、より広い意味の家畜小屋という事のようです。日本においてキリストが馬小屋で生まれたという事になっているのがなぜかは未だ分からずで、今後の研究課題にしたいと思っています。

さて、 家畜小屋で生まれたと

キリストが誕生したのは「馬小屋」ではなく「家畜小屋」とされ、各種絵画や切手、クリスマスカードの絵柄の定番となっています

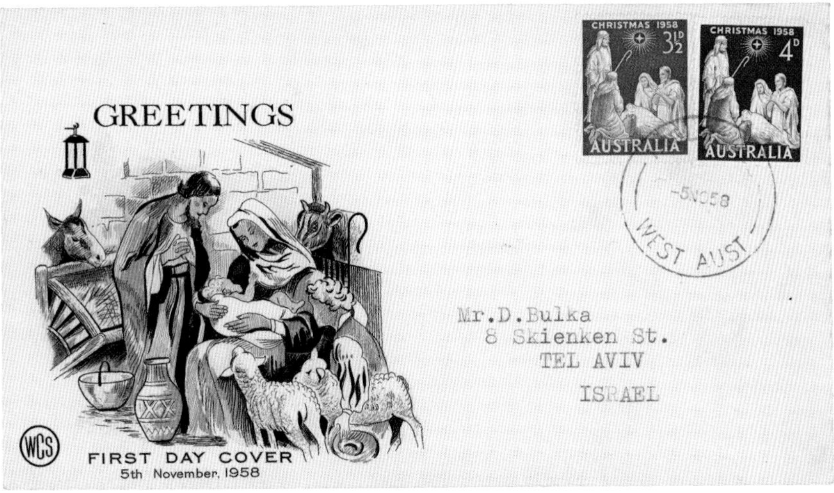

2

しても、実は聖書中にはどこにもそのような記述はありません。しかし「ルカによる福音書」にはベツレヘムまで旅をしてきたヨセフとマリア（キリストの両親）は宿に泊まれず、誕生したキリストが「飼い葉桶に寝かされた」と書いてあるので、それが後世になって「家畜小屋で生まれた」という曖昧なイメージを作ったのかもしれません。また、２世紀にユスティノフという人が「洞窟で生まれた」と書き残しているのですが、当時の家畜小屋としては洞窟がよく使われていたので、「誕生の場所は家畜小屋説」のイメージを補強したのかもしれません。

一方、「マタイによる福音書」ではマリアとヨセフの家で普通に生まれたように書いています。しかし「ルカによる福音書」を論拠にした「飼い葉桶」説はインパクトもあることから、各種絵画や切手、クリスマスカードの絵柄としてよく取り上げられており、定番といってもよいでしょう。

3

4

5

6

1. クリスマスカード「家畜小屋におけるキリスト生誕」（1961年 フィンランドで使用）
2. 初日印カバー「キリスト生誕、ベツレヘムの星と羊飼い」（オーストラリア 1958年発行）
※カシェ図案に家畜小屋でのキリスト生誕
3. 切手「家畜小屋でのキリスト生誕と天使」（ブラジル 1993年発行）
4. 切手「聖母子と家畜」（ドイツ 2007年発行）
5. 切手「飼い葉桶のキリストと天使」（ポルトガル 2004年発行）
6. 切手「キリストの生誕と家畜、天使」（イタリア 1971年発行）

冬のお祭りとクリスマス

Winter festivals and Christmas

Glad Jul !
（よいユル=クリスマスを！）

1

クリスマスといえば12月25日（クリスマスイヴの夜を含む）から１月５日までの冬至に近い12日間を指すことが多いのですが、これはキリスト教が冬至のお祭りをキリストの生誕祭に取り込んだ名残といわれています。

クリスマスのお祭りの起源としてよく引き合いに出されるのは、古代ローマ帝国の冬至の前後に行われる各種のお祭りですが、一方で中部ヨーロッパ、北部ヨーロッパの冬至のお祭りがクリスマス行事の大切な起源の一つとして知られています。現在でもそれらの国では、「クリスマス」を意味する言葉にその名残が未だ残っています。

たとえばドイツ語のヴァイナハテン＝Weihnachten（クリスマスの意味）は「聖なる夜々」という意味のWeihe Nachtenが語源です。この聖なる夜々はキリストの生誕を指す言葉ではなく、12月25日前後に数日間かけて行なわれていたゲルマン民族の冬至の祭の期間を指す言葉だったという事です。

また北欧のユル＝JuluやヨウルＪ＝Jouluという言葉は現在ではクリス

Hauskaa Joulua!（よいヨウル＝クリスマスを！）

2

3

4

↑←それぞれ切手上部にWeihnachten（クリスマス）の文字

5

←切手上部と下部にJulpostの文字

1. クリスマスカード「トムテと馬蹄」（1906年 スウェーデンで使用）※Glad Jul！よいユルを！の記載／*2.* クリスマスカード「教会とヒイラギ」（1912年 フィンランドで使用）※Hauskaa Joulua！よいヨウルを！の記載／*3.* 切手「キリストの生誕」（ドイツ 2019年発行）※切手右上部にWeihnachtenの文字／*4.* 切手「キリストの生誕」（オーストリア 1985年発行）※切手上部にWeihnachtenの文字／*5.* 切手４種「クリスマスの風俗」（スウェーデン 1987年発行）※切手上部にJulpostの文字

マスという意味だったり、12月という意味だったりしますが、元々は冬至のお祭りの名称でした。これらの厳しい冬を過ごす北部ヨーロッパの人々はキリスト教伝来以前から、一日の大半が闇に包まれる冬至の前後を、様々な悪霊がうろつく恐ろしい期間と考えていて、悪霊たちをなだめるための冬至祭「ユール」という行事を行うようになったのです。このユールは12月の10日間または12日間行われる行事でした。

今でも北欧では「ユール（ヨウル）」という名前は残っていますが、サンタクロースや現代風のクリスマスの楽しみ方が外国から到来したため、北欧各国とも本来の独特の習慣は失われつつあります。

クリスマスの祝い方

How to celebrate Christmas

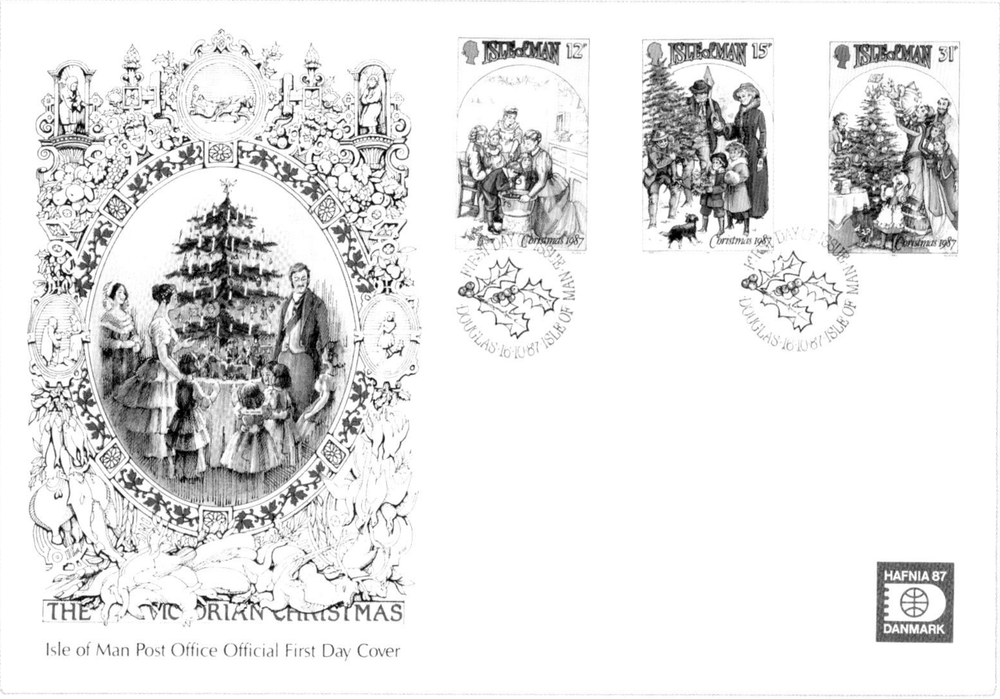

1

成立初期のキリスト教が効果的に布教するため、昔からの人々の習慣や信仰、対抗する他の宗教の記念日やお祭りの日にキリストの誕生日を「ぶつけて」、あるいは「とりこんで」、布教の推進力として活用したことは定説になっています。

つまりクリスマスの日は最初から他の宗教のお祭りと対抗するために決められたわけですから、はじめからその日にはお祝いやお祭りをしようとする意図があったわけです。その中でも現代のクリスマス行事のはしりといわれるのがイギリスでのヴィクトリアンクリスマスです。

元々イギリスでは清教徒たちによって厳しくクリスマスを祝うことが禁じられていました。しかし時代が移り、ヴィクトリア女王の治世の頃にクリスマスの文化が花開きます。ヴィクトリア女王の母親はドイツ出身

2

1. 初日印カバー
「ヴィクトリアンクリスマス」
(マン島 1987年)
※カシェはヴィクトリア女王一家がクリスマスを祝っている模様を紹介した「イラストレイテッド・ロンドン・ニュース」の挿絵を原画としてデザインされた図案

2. 小型切手シート
「クリスマス」
(ジブラルタル 2013年発行)

3. 切手
「クリスマスのスケートリンク」
(ルクセンブルク 2020年発行)

4. 切手
「クリスマス切手・年末の休日」
(コソボ 2019年発行)

でしたが、夫のアルバート公もドイツ出身でした。アルバート公はクリスマスツリーを飾る習慣を含むドイツ風のクリスマスの祝い方をイギリスの宮廷に持ち込みました。バッキンガム宮殿でクリスマスを一家で祝う模様は「イラストレイテッド・ロンドン・ニュース」に挿絵入りで紹介されました。このようにしてイギリスに紹介されたドイツ風のクリスマス行事の習慣は英国庶民のあこがれの的になり、1860～70年頃には中流階級でも家族でクリスマスを祝う習慣が広がりました。このクリスマス行事の習慣はイギリスからさらにアメリカ、欧州地域に普及していき、現在では「ヴィクトリアンクリスマス」と呼ばれ、クリスマス行事の「元祖」と言われています。

このヴィクトリアンクリスマスとサンタクロースなどがクリスマスギフトを贈る習慣、それに様々な国や地域の冬至や年末のお祭り、世界各地で異なるクリスマスのごちそう、ウィンタースポーツなど冬の楽しみや様々なクリスマスデコレーションの発達などが加わり、現在では世界各地で色々なクリスマス行事やそのお祝いの仕方が出来上がっています。クリスマスの祝い方は、一つだけではないのです。

3

スケートリンクでクリスマスを楽しむ

4

クリスマスを冬至や年末のお祭りとしてお祝い

Column
コラム

イエス・キリストの誕生日

Date of the birth of Jesus Christ

◀クリスマスカード
「日めくりカレンダー・12月25日」
(1910年代 フィンランドで使用)

3世紀になって、キリストが救世主としてこの世に現れたことが神聖視されるようになると「キリストの誕生日はいつだろう？」という疑問が出てきました。聖書にはキリストの誕生日が書かれていないからです。その結果、諸説が入り乱れました。分かっているだけでも2月2日、3月25日、3月28日、4月2日、4月19日……などなどです。しかしそのうちに、大体二つの説に集約されてきました。1月6日説と12月25日説です。

その後キリスト教の布教が進むにつれ、キリストの誕生日に関するこの二つの有力な説にカトリック教会としても結論を出さなければいけなくなりました。そして検討した結果、最終的には西暦325年のトルコ・ニカイアでの教会会議・ニカイア公会議で正式にキリストの誕生日は12月25日と決まりました。もっとも、この結論がキリスト教の全教会に受け入れられたわけではありません。たとえば、一部の正教会では未だに異なる日をキリストの誕生日(クリスマス)としています。

第2章

みんなのともだち サンタクロース

Everyone's friend
Santa Claus

サンタクロースの住んでいる場所

Where Santa Claus lives

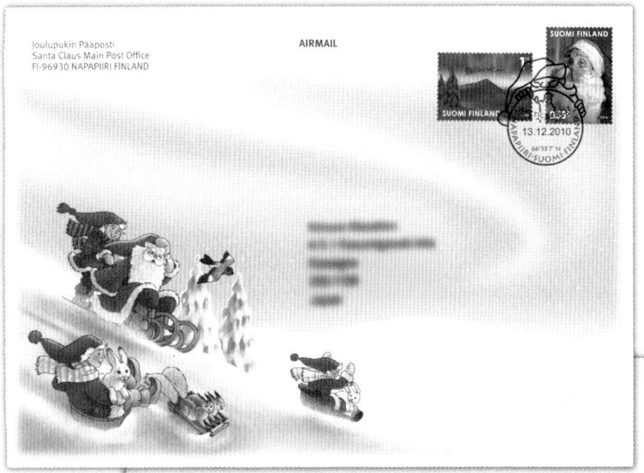

▶封筒表面

◀封筒裏面

Korvatunturi, joulukuu 2010

Touhukasta joulunaikaa!

Joulu tulla jolkottaa ja meillä täällä Korvatunturilla on jo täystohina. Postitontutkin ovat Joulupukin Pääpostissa saaneet kantaa postisäkkejä sisään ja ulos ihan olan takaa. Ja kuvittelepa vain, millä nopeudella he koputtelivat leimoja postimerkkeihin.

Tänään muori järjesti perinteiset piparitalkoot. Koko Korvatunturin väki kokoontui tupaan leipomaan piparkakkuja. Ah sitä neilikan, inkiväärin ja kanelin tuoksua! Joko sinä olet leiponut pipareita?

Kun kaikki piparipellit oli saatu pois uunista, lähdimme pihamaalle temmeltämään lumeen. Lapin talvi on nyt parhaimmillaan: valkoinen, tuore lumi on peittänyt puut ja pensaat, lumihiutaleet leijuvat hiljalleen maahan ja ovat kuin pieniä keijukaisia. Tätä maisemaa katsoessa mieli rauhoittuu kaiken kiireen keskellä ja tulee mukavan lämmin olo sydämen tietämille.

Touhukas ja urheilullinen tonttuni Puhku oli haalinut vajasta kaikki pulkat ja kelkat ja järjestänyt hurjan kelkkakilpailun. Katsopa kirjeeni kuorta ja arvaa, monesko minä olin tiukassa kisassa. Mäenlaskun jälkeen kaikki tontut pyörittivät valtavia lumipalloja ja tekivät niistä lumilinnan, jonka keskellä oli iso valtaistuin. Minä sain kunnian kokeilla tuolia, mutta olin tainnut herkutella liikaa piparitaikinaa – lumi-istuin rämähti allani ja minä muksahdin maahan. Naurua riitti, kun hämmentynyt Nekku-koira puski minua kuonollaan ja kehotti nousemaan. Nekku kuitenkin huomasi pian, ettei minulla ole hätää ja hipsi taas lumikinoksiin möyryämään niin, että vain pörröinen hännänpää vilahteli.

Puolukka-tonttu teki tallin oven suuhun komean lumiporon, jota Petteri-poro tuli kummissaan nuuskimaan. Petteri odottelee jo innoissaan jouluaattoa, jolloin se pääsee minun kanssani liikenteeseen jakamaan lahjoja kaikille maailman lapsille.

Touhukkaan päivän jälkeen kokoonnuimme nuotiolle herkuttelemaan tuoreilla piparkakuilla ja muorin keittämällä pannukahvilla. Kaikki metsäneläimet oravista jäniksiin ja hiirulaisiin liittyivät joukkoomme ja saivat osansa eväistämme.

Hei sitten jouluun asti ja muistathan sinäkin olla kiltti niin ihmisille kuin eläimillekin!

Joulupukki

1

「サンタクロース郵便局」から届くサンタクロースからの手紙

サンタクロースはフィンランドのコルヴァトゥントゥリ山に住んでいるとの説が最も有名です。またフィンランドのロヴァニエミ市のサンタクロース村にある「サンタクロースのオフィス」は北極圏が始まる「北極圏ライン」北緯66度33分上にあります。今では、この「サンタクロースのオフィス」には世界中から多くの観光客が訪れ、四季を問わずサンタクロースに会っています。現在では、この様子を見た他の欧州の国々も、皆「我こそはサンタクロースの国である」と名乗りを上げています。

さて、なぜサンタクロースはフィンランドに住んでいるとされるのでしょうか。元々、サンタクロースは北極に住んでいると広く思われていました。これは1860年代にサンタクロースの絵を描いていたトーマス・

ナストのアイデアであったとされています。ところが1925年になってアメリカの新聞に「北極でトナカイのえさの苔が少なくなったのでサンタクロースは北欧のラップランド地域に移住した。」という記事が載りました。さらに1927年にフィンランドの子供向けラジオ番組で、司会のマルクス・ラウティオが「サンタクロースはラップランドのコルヴァトゥントゥリ山に住んでいる。」と発言しました。コルヴァトゥントゥリ山はフィンランドの北東部にある山なので、サンタクロースはフィンランドに住んでいるということになったのです。

現在フィンランドはサンタクロースの居住地として観光的にも有名になったことから、フィンランド製のクリスマスカードやクリスマス切手は人気があります。とくにサンタクロース村にある「サンタクロース郵便局」が行っている、サンタメールのサービスは世界的にも有名です。昔は世界中から来るサンタクロース宛の郵便物に無料で返事を送っていたのですが、あまりに大量な手紙にそのような対応も難しくなり、今では有料でサンタクロースからの手紙をクリスマスの時期に届けるというサービスをするようになったそうです。

2

2010年発行「日本・フィンランド共同発行 冬のグリーティング切手」と同図案のフィンランド発行の切手がサンタクロースからの手紙（左ページ掲載）に使われています。

3

1. サンタクロースからの手紙
(貼付切手は「コルヴァトゥントゥリ山の上空を飛ぶサンタクロースのそり」と「サンタクロース」)

2. 初日印カバー「日本・フィンランド共同発行 冬のグリーティング切手」(日本 2010年発行)

3. 切手「サンタクロースと北極圏ライン」(フィンランド 2018年発行)に風景印「サンタクロースとトナカイ」

サンタクロースの登場

Appearance of Santa Claus

Here's to a Christmas blithe and gay.
Good fortune be with you alway.
A Merry Christmas.

1

サンタクロースはキリスト教カトリック派の聖人、聖ニコラウスがその由来といわれています。聖ニコラウスは3世紀に実在した人物で、(現在のトルコにある)ミュラの司教として数々の奇跡を起こしたと言われます。この聖ニコラウスへの信仰とお祭りを新大陸アメリカに持ち込んだのがオランダ人入植者たちです。米国では1809年にワシントン・アーヴィングが書いた架空小説「ニューヨークの歴史」でセントニコラスの名前で登場します。この時のセントニコラスは、すでに子供たちに贈り物を運んでくる存在(ギフトブリンガー)として描かれています。

次に登場したのが、クレメント・ムーアが1822年に書いた「聖ニコラスの訪問（A Visit From St. Nicholas）」(後に「クリスマスのまえのばん」)という詩で登場するセントニコラスです。毛皮を着た小人として描かれたキャラクターでしたが、８頭のトナカイに乗ってくること、それぞれのトナカイに名前が付いていること、煙突から家に入ること、贈り物を靴下に入れることなど、現代のサンタクロースの重要な要件がすでに書かれて

米国から欧州へ、
サンタクロース像は
少しずつ定着していきました

2

3

います。なお「クリスマスのまえのばん」ではセントニコラウスとサンタクロースの両方の呼び名が使われています。

さて、ムーアの詩が発表されて以来、何人もの画家がこの詩を元にサンタクロースの姿を描きました。その中でも決定的だったのが、ドイツ生まれのイラストレーター、トーマス・ナストの描くサンタクロースでした。彼が1863年に描いたサンタクロースの姿は従来の裾の長いコートではなく、毛皮のつなぎを幅の広いベルトで着こなすというもので、それ以降のサンタクロースに大きな影響を与えました。またナスト以降はサンタクロースという名前が一般的に使われるようになり、聖ニコラウス（セントニコラス）とは異なったキャラクターに分化していくことになりました。

このようにして登場したサンタクロースは、米国から欧州に広がり、ギフトブリンガーとして重要な役割をクリスマスで果たすようになっていきます。

4

1. クリスマスカード「子供たちにギフトを手渡しするサンタクロース」（1913年 英国で使用）
2. 切手「サンタクロース（フロックコート紙使用）」（ロシア 2003年発行）
3. 切手２種「クリスマス1954-55 サンタクロース」（キューバ 1954年発行）
4. クリスマスカード「クリスマスギフトを担ぐサンタクロース（エンボス加工）」（1905年 米国で使用）

変身するサンタクロース

Transforming Santa Claus

1

トーマス・ナストの描くサンタクロースは、こびとの老人として世に登場しました。北欧のトントゥ(トムテなど国によって呼称が異なる)という「こびと」がサンタクロースの原型の一つであるからです。しかし彼の描いていたサンタクロースは徐々に背の高い大人の体型をとるようになりました。その後、他の画家によって描かれたサンタクロースは基本的にはナストの特徴を継承していましたが、体の大きさに関しては、こびとの姿をしたものや、背が高い大人の体型をしたものなど色々なサンタクロースが1800年代後半から1900年代まで見られました。

1920年頃から1940年頃までは、これも米国の流行画家ノーマン・ロックウェルが、さらに洗練され大人の体型をしたサンタクロースを描き大変評判になりました。このときに背が高い大人サイズのサンタクロースが定着したのです。もはや、体が大きくなったサンタクロースは煙突を通らなければならないことなど忘れたようです。

有名なコカ・コーラのサンタクロースは、スウェーデン系アメリカ人

世俗的サンタクロースの誕生が、サンタクロースのキャラクターを世界中に広めるきかっけになりました

▶封筒裏面

◀封筒宛名面

2

3

4

5

6

のハッドン・サンドブロムが完成させたものです。1931年から1964年にかけて彼によって描かれたサンタクロースはコカ・コーラの商標の色、赤と白を使い、またプレンティスという実在の男性をモデルに起用したことにより、人間くさく描かれており、商業主義と密接に結びついたものでした。もはやカトリックの聖人の面影はありません。世俗的サンタクロースの誕生です。

この世俗的サンタクロースの誕生は意外なことに、サンタクロースというキャラクターが世界に広がるプラス要因として働きました。プロテスタントの勢力が強い欧州の国では宗教改革以来、カトリックの聖人信仰が固く禁じられました。もちろん聖ニコラウスがギフトを配るという習慣も禁じられました。しかし世俗的サンタクロースは宗教から遊離した存在で、プロテスタント系の欧州の国にも普及していったのです。また、その無宗教性から非キリスト教国にもサンタクロースは急速に広まりました。

1. クリスマスカード「クリスマスギフトを担ぐ（古いタイプの）サンタクロース」（1906年 フィンランドで使用）／*2.* 広告物送付用封筒（1955年使用）※オランダの通販会社ZEST社がクリスマスギフトの案内用に作成／*3.* メータースタンプ・カールスバーグ社広告用「サンタクロース」（1972年 デンマークで使用）／*4.* 切手「クリスマス切手・サンタクロース」（米国 1983年発行）／*5.* 切手4種「クリスマス切手・様々な外見のサンタクロース」（米国 2001年発行）／*6.* 切手（裏糊）「クリスマス切手・サンタクロース」（フィンランド 1991年発行）

よい子に配るクリスマスプレゼント

Christmas gifts for children

1 聖ニコラウスとクリスト・キント

2 よい子にはギフトを悪い子には鞭を与えるギフトブリンガー

オランダ人がアメリカに持ち込んだ聖ニコラウス祭（12月６日）には聖ニコラウスからプレゼントが渡されるという風習があります。ではなぜ聖ニコラウスの波及型のサンタクロースはクリスマスイヴ（12月24日）にプレゼントを持ってくるのでしょうか。これには宗教改革が関わっています。

宗教改革により出来たプロテスタント派の指導者はカトリックの聖人に対する信仰を迷信だとし、民衆の聖人崇拝や関連のお祭りをやめさせようとしました。聖ニコラウス祭も、もちろんその対象に入っていました。しかし、いったん民衆の間に定着したお祭りとギフトを廃止するのはかなり難しいことです。そこで

おさなご姿のクリスト・キント

3

世界各地の様々なギフトブリンガー

4

1. クリスマスカード
「聖ニコラウスとクリスト・キント」
（1927年 フィンランドで使用）

2. クリスマスカード「ピエール・ノエール
よい子にはギフトを悪い子には鞭を」
（1924年 ベルギーで使用）

3. 切手「クリスト・キント」
（オーストリア 2001年発行）

4. 切手シート「クリスマスギフトの担い手」
（ガーンジー 1985年発行）※世界各地
の様々なギフトブリンガーを紹介。
〈左から〉上段：Santa Claus,
Lussibruden, Balthazar, Saint Nicheolas
中段：La Befana, Julenisse, Christkind,
King Wenceslas
下段：Shepherd of Les Baux, Caspar,
Baboushka, Melchior
※東方の三博士を含む

聖ニコラウスの代わりに、聖キリストが12月24日に、プレゼントを持ってくることにしたのです。しかし今度は、キリストを対象にした新たな聖人信仰が作られる可能性があります。そこで考え出されたのが「クリスト・キント」というギフトブリンガーのキャラクターです。

クリスト・キントとは幼子キリストという意味ですが、「おさなご」がプレゼントを贈り歩くというのもおかしいので、クリスト・キントは性別不明の天使や、あたまにローソクの冠を付けた若い女性（北欧では聖ルチアと呼ぶ）などの外見が与えられました。一方、1847年には画家フォン・シュヴァントがフードの付いたコートを着たひげの男がクリスマスツリーをかついでいる姿を描きました。これが後に別のギフトブリンガーの一人、クリスマスおじさん（ヴァイナハツマン）として定着しました。

他にもプロテスタント地域では、よい子にプレゼントを運んでくるギフトブリンガーが色々と考え出されました。たとえば英国のやはりフードの付いたコートを着ているファーザークリスマスやフランスのピエール・ノエール、ノルウェーの妖精ユール・ニッセなどがギフトブリンガーとして知られています。そして現在では世俗的サンタクロースがクリスマスのギフトブリンガーとして最も知られる存在になっています。

Column
コラム

クリスマスプレゼントの受け取り方

How to receive Christmas gifts

なぜクリスマスにプレゼントをもらえるのでしょうか。古代ローマの時代から冬至のお祭りの時に食べ物を交換したことが起源など諸説ありますが、いずれにせよ冬の季節の古い伝統のようです。広く子供にプレゼントをあげるようになったのは聖ニコラウスのお祭りが盛んになってからです。聖ニコラウスとお供の「鞭打ちおじさん（フェッタール）」と呼ばれるキャラクターの二人連れで現れ、悪い子には鞭を、よい子には聖ニコラウスからプレゼントをあげた時期もあったようです。

また吊してある靴下にプレゼントを入れておくという事もポピュラーに行われるようになりました。これは聖ニコラウスがお金を恵んだとき干してある靴下の中に入れたという伝説に由来しています。その後、聖人崇拝を否定するプロテスタントの立場から基本的にギフトブリンガーはあまり人前に姿を見せない建前になり、たとえばクリスマスツリーの下に置いておくなども行われるようになりました。しかし中には北欧のようにギフトブリンガーが堂々と玄関からやってきてプレゼントを渡す例もあるようです。

◀クリスマスカード
「プレゼントを持って訪問するサンタクロース」
（1908年 フィンランドで使用）

第3章

空を飛ぶトナカイ

Flying reindeer

第3章

トナカイは空を飛ぶ

Reindeer fly in the sky

1

トナカイといえばサンタクロースのそりを引く動物としてよく知られており、今ではクリスマスアイテムとして欠かせないものになっています。しかし、トナカイは寒い地方のみに生息する鹿科の大型ほ乳類ですので、中近東で誕生したイエス・キリストやキリストの生誕祭であるクリスマスとは縁もゆかりもない動物です。では、なぜトナカイがクリスマスアイテムになったのでしょうか。クリスマスの場面には多くの森の動物たちが登場し、鹿もその一つであることが理由など諸説ありますが、実は本当のところはよく分かっていません。しかし、すでに紹介したクレメント・ムーアの詩「聖ニコラスの訪問（A Visit From St. Nicholas）」にはトナカイ8頭立てのそりに乗って空を飛ぶサンタクロースが描かれており、現在の「サンタクロースのそりを引く空を飛ぶトナカイ」のイメージ形成に大きく影響を与えていると思われます。

たとえば自然科学ライター、ロバート・サリヴァンの書いた「空飛ぶトナカイの物語」という本では、1991年のダートモス北極研究所の

クレメント・ムーアの詩「聖ニコラスの訪問（A Visit From St. Nicholas）」の影響で、サンタクロースのサポーターとしてトナカイが描かれるようになりました

2

3

4

5

1. クリスマスカード「クリスマスデコレーションを持つ少女と鹿（1923年 フィンランドで使用）／*2.* 切手「トナカイ」（サウスジョージア 1963年発行）／*3.* 切手４種「クリスマス・トナカイ」（米国 1999年発行）／*4.* 切手「クリスマス・そりを引くトナカイ」（カナダ 2004年発行）／*5.* 小型切手シート「クリスマス・サンタクロース シート地に空飛ぶトナカイとそり」（グリーンランド 2003年発行）

オラン・ヤングとカメラマン、ジョー・メーリングの実験から導き出された結果として「サンタクロースがクリスマスに飛ぶのは約7,500万マイルにも及ぶ。そのためには秒速650マイルの速さが必要になる。」と紹介しています。

また、毎年NORAD（北米防空司令部）は衛星レーダーを使って、サンタクロースの移動を「調査」しホームページに公開するなど、すっかりトナカイの引くそりは世の中に定着しています。そりが空を飛ぶことや、大変な高速で地球各地を行き来することから考えて、サンタクロースのサポーターであるトナカイは、放牧されている一般のトナカイと違い特別な存在であることに間違いないでしょうし、これからも子供たちの夢を乗せ続けて空を飛び回ることでしょう。

トナカイはそりを引けるのか？

Can a reindeer pull a sled ?

1

クレメント・ムーアの詩の発表前にも、トナカイが引くそりに乗ったサンタクロースは描かれています。たとえば19世紀初めに出版された「5歳から12歳の子供への新年の贈り物」という本では1頭のトナカイがそりを引いています。しかし前述のようにムーアの詩にはトナカイ8頭立てのそりに乗って空を飛ぶサンタクロースの姿が描かれています。この詩はサンタクロースのキャラクター形成に大きな役割を果たしていますから、トナカイ8頭立てそりがサンタクロースの乗り物であると広く知らしめるのに大きな影響を与えたのでしょう。

ではなぜ8頭なのでしょうか。「ゲルマン神話の神オーディンは、スレイプニールという名の巨大な8本足の馬を乗り回していた。おそらくそりを引くトナカイの数はこのあたりから選ばれたのだろう。」という説が紹介されていますが、こればかりはサンタクロースに聞いてみないと分からないですね。

このように、サンタクロースのそりは8頭のトナカイが引いているのが定番になっていますが、トナカイは

整然とした集団行動が苦手なトナカイ。
1頭でそりを引いている姿が描かれている
クリスマスカードなども多くあります

2

3

整然とした集団行動が苦手だとされますので、実際には８頭のトナカイをそりにつないでも、きちんとしたルートを走らせるのはほぼ無理なようです。サンタクロース村のあるラップランド地方では、トナカイのそりに乗って冬の森の中を滑走する体験が出来ますが、ほとんどの場合１頭立てのそりが用意されています。スタッフの方に聞くと、やはり多頭立てにすると、そりが決まったコースを走らない、もしくはそりが動かないという事があるそうです。そのようなわけでクリスマスカードなどに描かれるトナカイも１頭でそりを引いているケースが多く見られます。

1. クリスマスカード「オーロラの下を走るトナカイのそり」
(1955年 フィンランドで使用)

2. 初日印カバー「クリスマス」
(オーストラリア 1969年発行)
※カシェはサンタクロースと多頭立てのそりの図案

3. 切手５種「クリスマス・プレゼントをトナカイのそりで配るサンタクロース」
(マン島 1998年発行)

第3章

普通のトナカイとサンタクロースのトナカイ

Ordinary reindeer and Santa Claus' reindeer

1

サンタクロースのそりを引くのがなぜトナカイなのかという疑問に対しては諸説ありますが、そのうちの一つにフィンランドの古い伝承に出てくる「冬親父」に関係するという説があります。古代サーミ人（北欧でトナカイ放牧をしている少数民族）は冬が来る度に、神秘に包まれた冬親父が山からトナカイで降りてきて雪を連れてくると信じている、という伝承です。そのような伝承に出てくる神秘的なトナカイと比べて、フィンランドなどの北極圏で見ることが出来る普通のトナカイはどのように生息しているのでしょうか。

我々が目にするトナカイは、たいていの場合はサーミ人などによりラップランドの北部で放牧されています。肉は食用に、毛皮は毛織物や防寒布、テント作りに、角は薬や装飾品にと、大変な有用家畜です。ちなみにトナカイは鹿の仲間では例外的に、雄と雌の両方に角があります。しかし、雄の角は寒くなると12月の中旬頃までには抜け落ちてしまいます。つまり、12月中旬以降のクリスマスシーズンで角があるのは雌だけです。我々は極北の少数民族が

サンタクロースのトナカイは、空を飛び、高速で移動することが出来る神秘的な存在です

2

3

4

1. クリスマスカード「サンタクロースとそりを引くトナカイ」(1947年 フィンランドで使用)
2. クリスマスカード「サンタクロースとプレゼントのそりを引くトナカイ」(1910年 米国で使用)
3. 切手(シール式)「クリスマス・トナカイのそりに乗るサンタクロース」(フィンランド 2001年発行)
4. 切手「クリスマス・トナカイ」(アイスランド 2003年発行)

トナカイを放牧しているというと、独特の生活習慣の中でエキゾチックな遊牧生活が行われていると考えがちですが、その実態はオートバイやスノーモービルを使った近代的なものです。またトナカイの大きな群れの中での所有者識別は伝統的に、耳印のデザインなどで行われてきました。

一方、サンタクロースのそりを引くトナカイはそれぞれダッシャー、ダンサー、プランサー、ビクセン、コメット、キューピッド、ドナー、ブリッツェンという名前をちゃんともらっており、群れごとに耳印だけで識別される普通のトナカイとは扱いが違います。また雄と雌の混成チームであるにも関わらずサンタクロースのそりを引くトナカイは、すべて角があります。それに加えて空を飛ぶことが出来ることや、大変な高速で移動することなども考えると、やはりサンタクロースのトナカイは神秘的な存在といえるかもしれません。

Column
コラム

トナカイの鼻は赤い？

Reindeer have red nose ?

切手7種「クリスマス・赤鼻のトナカイ」（オルダニー 2013年発行）

　実際に見ると分かるのですが、トナカイの鼻の色は黒色で赤くはありません。ではなぜ「赤鼻のトナカイ」という言葉が流布しているのでしょうか。きっかけは1939年に米国のモンゴメリー・ウォード百貨店の宣伝用パンフレットにサンタクロースのそりを引く９頭目のトナカイの詩が載ったことです。そのあらすじを以下に紹介します。

「真っ赤な鼻をしていたトナカイのルドルフは、鼻の色のせいで馬鹿にされていました。さて、ある年のクリスマス・イブのこと、サンタクロースのそりが世界中のよい子にプレゼントを渡そうと出発しようとすると突然に濃い霧が立ち込めてきました。こんな天候ではまともに空を飛ぶことが出来ません。そのとき暗闇の中でルドルフの赤い鼻が光っていた事から、急遽、ルドルフの鼻の光をサーチライトとして使うことになりました。先頭を走ることになった９頭目のトナカイ、ルドルフの活躍によって無事にサンタクロースはその年もプレゼントを届けられました。」

　百貨店のコピーライター Ｒ・Ｌ・メイが書いたこの詩は大変好評で、最終的には単行本になりました。1949年にはメイの義理の兄弟Ｊ・Ｄ・マークスがテーマソングを作り、これもヒットしました。このことから「赤鼻のトナカイ」という言葉が有名になったのです。

第4章

北の国から
メリークリスマス！

Merry Christmas
from Nordic Countries!

北欧で暮らすトントゥ

Tonttu living in Nordic Countries

1

ヨーロッパ、アメリカにおける今のクリスマスのお祝いの仕方は、17世紀頃から徐々に確立・普及してきました。北欧でもヨーロッパ諸国の一地域として、クリスマス行事はほぼこの「普及版」に沿って行われています。しかし、元々は「ヨウル」という独自の冬至に関係するお祭りがあった地域です。またヨウルは現代のクリスマス行事のルーツの一つでもあります。そのようなわけで北欧では、未だにクリスマス行事の中に独自の習慣やキャラクターなどが残っています。

たとえば北欧ではクリスマスの時期になると、赤い帽子の子供やこびとのようなキャラクターが巷に出て

2

3

「トントゥ」は、赤い帽子の子供やこびとのようなキャラクター

4

消印にもトントゥ

5

1. クリスマスカード「小鳥と遊ぶトントゥ」（1962年 フィンランドで使用）／*2.* 切手「クリスマス・トントゥ」への初日記念押印「麦わらの飾り・ヒンメリ」（フィンランド 2011年発行）／*3.* クリスマスカード「納屋で眠るトントゥ」（1953年 フィンランドで使用）／*4.* クリスマス特印「トントゥ」（フィンランド 2011年）／*5.* 切手「クリスマス・プレゼントを運ぶトントゥ」（フィンランド 1977年発行）

きます。このこびとのようなものが「トントゥ」ですが、「トントゥ」とは何者でしょうか。

北欧のフィンランドにおいては昔から、人の目には見えない妖精がこの世にいるのだと信じられていました。これら妖精はペイッコ（トロール）やトントゥといわれていました。「ムーミントロール」もこのペイッコの一種です。ペイッコは主に森の奥深く暮らし、川や森自体に宿る精霊のようなものであると考えられています。

一方、トントゥの方は森の中で動物や鳥などと遊ぶと同時に、農場や住宅に出てきて人間と交流を持つといわれています。また農家の納屋に住んで家畜の世話をすることから農家の守り神だともいわれています。

このフィンランドのこびとの妖精の名前「トントゥ」は最近では日本でも知名度が上がっていますが、スウェーデンではトムテ、ノルウェー、デンマークではニッセなどとも呼ばれています。

さて、フィンランドなどでは冬至祭の前日（後にクリスマスが定着するとクリスマスイヴ）に一年の収穫をもたらしてくれたことに対してトントゥにお礼をする事が行われていました。そのため今では、クリスマスに出てくる大切なキャラクターになっています。トントゥは動物や小鳥、家畜と仲良しだと言われることからクリスマスカードなどでは、よく小鳥や動物たちと登場する例が多いようです。

トントゥの役割

The role of Tonttu

1

2

トーマス・ナストの描くサンタクロースが、こびとの老人として登場したことは既にご紹介しました。北欧のこびと、トントゥなどがサンタクロースの原型の一つであるといわれる由縁です。サンタクロースが現在の形になるまでに色々な北欧出身の作家や画家が関わったことが知られているので、そのせいかもしれません。

さて、米国で独自のキャラクターとして確立していったサンタクロースは、その後、ヨーロッパに逆輸入され広まっていきます。北欧も例外ではありません。そのためアメリカから来た現代風サンタクロースがやってくると、それまでクリスマスの主役だった妖精トントゥの意味づけが難しくなっていきます。その影響なので

北欧の赤い帽子の子供やこびととして登場した「トントゥ」。
徐々にサンタクロース化した「トントゥ」や、
サンタクロースの助手として新しい役割が与えらた
「トントゥ」なども登場していきました

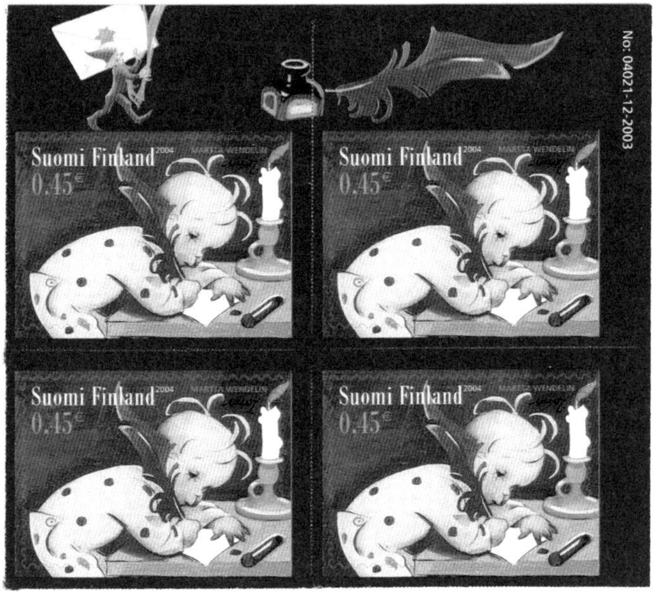

封筒を運ぶトントゥ

3

4

クリスマス郵便を扱うトントゥ

5

1. クリスマスカード「クリスマス郵便やプレゼントを整理するトントゥ」（1930年代 フィンランドで使用）／*2.* クリスマスカード「プレゼントを運ぶトントゥ」（1935年 フィンランドで使用）／*3.* 切手「クリスマス・クリスマスレター（タブに封筒を運ぶトントゥ）」（フィンランド 2004年発行）／*4.* 切手「クリスマス・クリスマスの妖精」（エストニア 1996年発行）／*5.* 切手「クリスマス・クリスマス郵便を扱うトントゥ」（フィンランド 1990年発行）

しょうか、徐々にトントゥの外見に変化が起こっていきます。元々は子供の姿だったトントゥは白いあごひげを持つ老人の姿になります。トントゥのサンタクロース化です。このトントゥのサンタクロース化は徐々に進みました。あごひげを持つものの地味な格好のトントゥもいました。また、こびとの姿を持つもののサンタクロースのような真っ赤な服装のトントゥもいました。トントゥのサンタクロース化がさらに進むと、外見上サンタクロースと区別が付かないトントゥが現れました。これらサンタクロース化したトントゥは最終的には現代風サンタクロースと半ば融合しました。

一方、こびととしてとどまったトントゥはサンタクロースの助手として新しい役割が与えられました。つまりクリスマスの中心的存在だったトントゥは、米国からの現代風サンタクロースが普及してくるに従い、上手に共存する道を歩んだのです。今ではサンタクロースの助手としてクリスマスの準備を手伝っています。

藁の山羊がサンタクロースになった?!

Straw goat turned into Santa Claus ?!

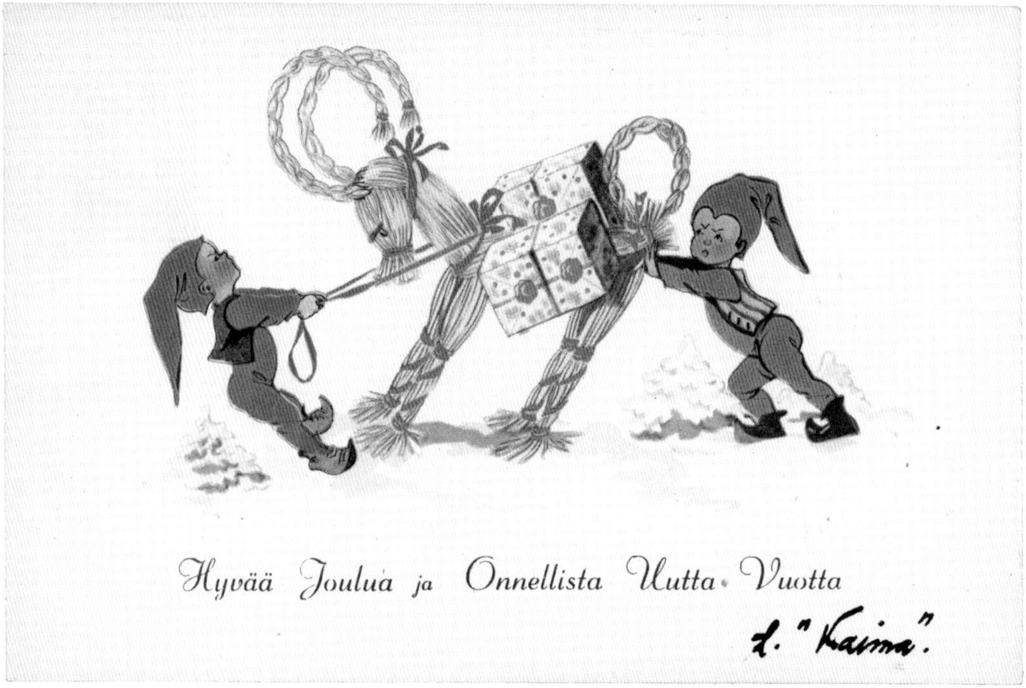
Hyvää Joulua ja Onnellista Uutta Vuotta

1

北欧などではクリスマスの時に麦の穂先や麦藁で作った飾り物を飾ることが多いようです。これは元々、冬至祭の時に次の年の豊作を祈願して飾られたものが、クリスマスの習慣になったといわれます。中でも有名なのが、麦藁製の山羊の人形のユールボック、もしくはヨウルプッキと呼ばれるものです。ではなぜ山羊がクリスマスに登場するのでしょうか。「北欧の神トールが2頭のヤギに引かせた空を飛ぶ戦車に乗っていたのが起源」とか「聖ニコラウスの同伴者で悪魔の末裔である山羊を指すという説」などがあります。

EESTI
6.00

2

1. クリスマスカード「藁の山羊とトントゥ」（1947年 フィンランドで使用）／*2.* 切手「藁で作ったクリスマスオーナメント」（エストニア 2000年発行）／*3.* クリスマスカード「藁の山羊とトントゥ」（1954年 フィンランドで使用）／*4.* 切手「藁製のクリスマスの子羊」（ポーランド 2007年発行）／*5.* 切手「藁製のクリスマスの山羊」（エストニア 2005年発行）／*6.* 切手「クリスマス行事で使う山羊の頭部面」（モルドヴァ 2008年発行）

3

さて、北欧ではトントゥなどの妖精が重要なクリスマスの登場人物として出てきますが、もう一つの大切なキャラクターにこの「ヨウルプッキ」がいます。元々の言葉の意味は「ヨウル＝クリスマス」＋「プッキ＝山羊」という意味の言葉ですが、今ではサンタクロースを意味するフィンランド語として用いられています。ではなぜ、クリスマスの山羊がサンタクロースになったのでしょうか。

かつてのフィンランドでは19世紀までは冬至の時期になるとヨウルウッコという老人がヨウルプッキと呼ばれる山羊を連れて各家庭を回り、物乞いをするという習慣がありました。その後、このヨウルウッコは山羊の角や山羊の仮面を付けた老人に徐々に変化を遂げ、それにつれて人物そのものの名前もヨウルプッキとなりました。またヨウルプッキは物乞いをするだけではなく、宗教改革後にはよい子にプレゼントを渡すギフトブリンガーとしての新たな役割も割り当てられていきました。

後に米国から現代風のサンタクロースが到来すると、クリスマス（冬至の時期）にプレゼントを配るというギフトブリンガーとしての役割が同じでしたので、徐々にヨウルプッキ（クリスマスの山羊）とサンタクロースは同一視されるようになり、今ではヨウルプッキはサンタクロースの名称になったのです。

麦藁製の山羊の人形・
ユールボック（ヨウルプッキ）たち

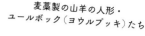

4

5

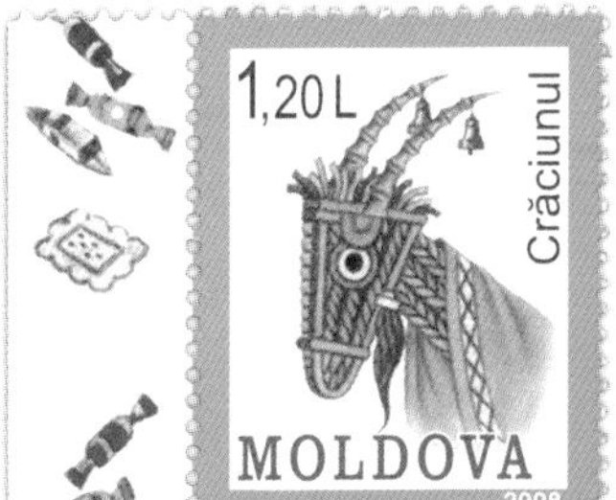

6

Column
コラム

サンタクロースのオフィスで会えるトントゥ

You can meet Tonttu at Santa Claus' office

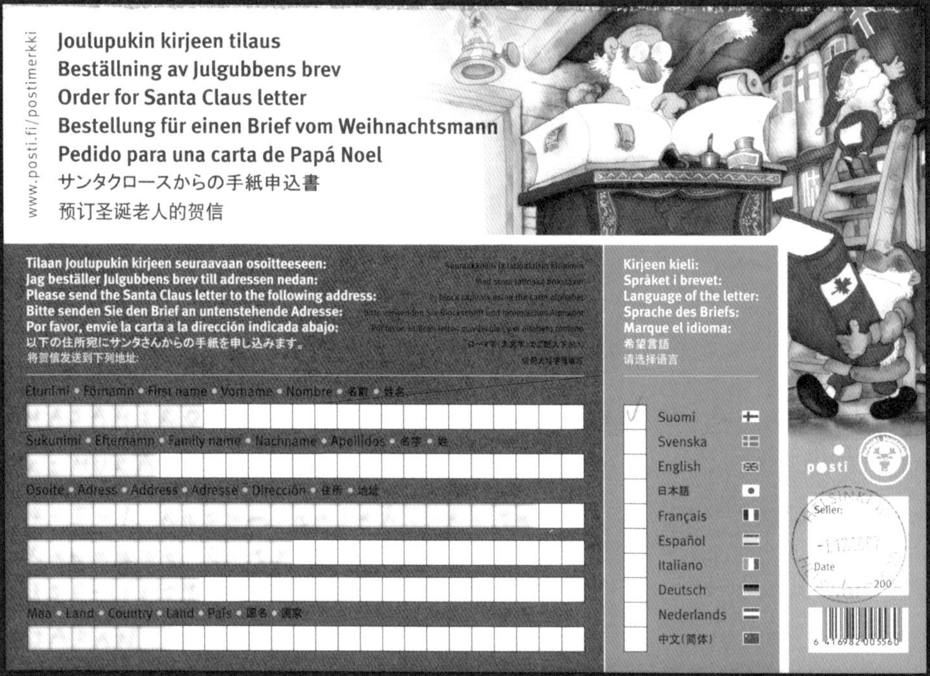

www.posti.fi/postimerkki

Joulupukin kirjeen tilaus
Beställning av Julgubbens brev
Order for Santa Claus letter
Bestellung für einen Brief vom Weihnachtsmann
Pedido para una carta de Papá Noel
サンタクロースからの手紙申込書
预订圣诞老人的贺信

Tilaan Joulupukin kirjeen seuraavaan osoitteeseen:
Jag beställer Julgubbens brev till adressen nedan:
Please send the Santa Claus letter to the following address:
Bitte senden Sie den Brief an untenstehende Adresse:
Por favor, envíe la carta a la dirección indicada abajo:
以下の住所宛にサンタさんからの手紙を申し込みます。
将贺信发送到下列地址:

Etunimi • Förnamn • First name • Vorname • Nombre • 名前 • 姓名

Sukunimi • Efternamn • Family name • Nachname • Apellidos • 名字 • 姓

Osoite • Adress • Address • Adresse • Dirección • 住所 • 地址

Maa • Land • Country • Land • País • 国名 • 国家

Kirjeen kieli:
Språket i brevet:
Language of the letter:
Sprache des Briefs:
Marque el idioma:
希望言語
请选择语言

Suomi
Svenska
English
日本語
Français
Español
Italiano
Deutsch
Nederlands
中文(简体)

posti

Seller:

Date
/ 200

◀サンタクロースからの手紙の申込書「世界各地のよい子の住所を整理するサンタクロースとトントゥ」(2007年版)

フィンランドのロヴァニエミ市にあるサンタクロースのオフィスでは、四季を問わず本物のサンタクロースに会うことが出来ます。四季を問わず会えるのは何か不思議な気がしますが、考えてみれば当たり前です。サンタクロースとトントゥは、世界中のよい子にクリスマスイヴ一晩でプレゼントを届けなくてはいけません。そのためにはプレゼントの準備やよい子へのサンタクロースからの手紙書き、トナカイの世話など一年を通して一所懸命に働いているのです。

さて、ロヴァニエミでは毎日、コルヴァトゥントゥリ山から通勤してきたサンタクロースに会えるだけではなく、実はトントゥにも会うことが出来ます。サンタクロースに会うために待っている人たちの列を整理したり、サンタクロースと写真を一緒にとるときに親切にサポートしてくれたりします。また同じ村にあるサンタクロース郵便局に行くと、記念押印や切手の販売など、やはりトントゥが働いています。

第5章

クリスマスツリーのひみつ

Secrets of Christmas tree

クリスマスツリーの起源

The Origin of the Christmas tree

1

クリスマスの代表的な習慣の一つにクリスマスツリーがあります。このクリスマスツリーは今では全世界に広がっており、欧州ならずアジア地域などでもクリスマスの時期には街角や家庭などで飾られています。

元々、緑の木の生命力を収穫や豊穣のシンボルとして使う行為は、洋の東西を問わず土着信仰の一部として重要なものでした。クリスマスツリーの起源にも、緑の樹木やその枝を飾る土着の習慣が関わっているそうです。欧州では、すでに6世紀には冬の時期に緑の葉っぱの付いた小枝を家に飾る習慣がありました。

クリスマスツリーと同じ起源を持つ「メイポール」

2

3

4

5

この小枝を「マイエ」と呼んでおり、冬のみならず各季節に行われる収穫祭などで飾られています。たとえば5月1日や聖霊降臨祭には緑の葉を残した木を切り出して、その幹にリボンを巻き付けるなどした「5月のマイエ」または「5月の木」を飾る習慣が見られます。これは今では「メイポール」と呼ばれますが、クリスマスツリーと同じ起源を持つものと考えられています。

冬には冬至祭がありますが、冬至祭はクリスマスと同一化したことから、寒い中でも緑を保つ常緑樹で作った「冬のマイエ」がクリスマスの習慣として取り入れられました。また、この冬のマイエに色紙や木の実などの食べ物を付ける習慣はアルザス地方で始まったとされます。このデコレーションされた冬のマイエはクリスマスの習慣の一部になる過程で「クリスマスのマイエ」と呼ばれるようになり、さらに17世紀頃になると「クリスマスの木」という名前になりました。これがクリスマスツリーの起源といわれます。

今ではクリスマスツリーはモミの木が使われますが、左右対称のきれいな三角形はキリスト教の宗教概念「三位一体」を表していると解されています。また、ドイツには元々クリスマスにタワー状の飾り付けをする習慣があり「クリスマスピラミッド」と呼ばれますが、これも全体として三角形なのでクリスマスツリーとの関係性が論じられています。

6

1. クリスマスカード「針葉樹の枝」(1932年 ドイツで使用)
2. 切手「メイポール」(オーストリア 1981年発行)
3. 切手「メイポール」(スウェーデン 1998年発行)
4. 切手「マイエを持つ天使」(ドイツ 2022年発行)
5. 切手4種「クリスマス切手・針葉樹」(米国 2010年発行)
6. クリスマスカード「針葉樹と少女」(1924年 フィンランドで使用)

永遠の生命のシンボルツリー

The Symbol tree of eternal life

1

冬のマイエには季節柄、常緑樹の木の枝が使われています。常に緑の葉を持つ常緑樹は永遠の生命の象徴として冬至の収穫祭に使うのにちょうど良かった、という理由が考えられています。常緑樹とマイエとの関係はこのように古くからあったと推察されます。

現在、冬のマイエ転じてクリスマスツリーに主に使われる木はドイツではモミですが、北欧や英国、日本などではトウヒが主流です。ではなぜモミやトウヒがクリスマスツリーに使われるのでしょうか。それは、その樹型が左右対称できれいな形をしていることが関係しているといわれています。横から見た姿がきれいな三角形になっており、キリスト教の大切な概念「三位一体」を表していると宗教的には解されるからです。

さて、欧州の森林というと常緑針葉樹の森が広がっているイメージがありますが、実は中世までは広葉樹の森が広がっていたことが分かっています。ところが、植林政策の変更により16世紀から17世紀にかけて広葉樹林が針葉樹林へと転換される大きな変化が欧州にはありました。つまり、その変化以前には常緑である針葉樹

2

3

4

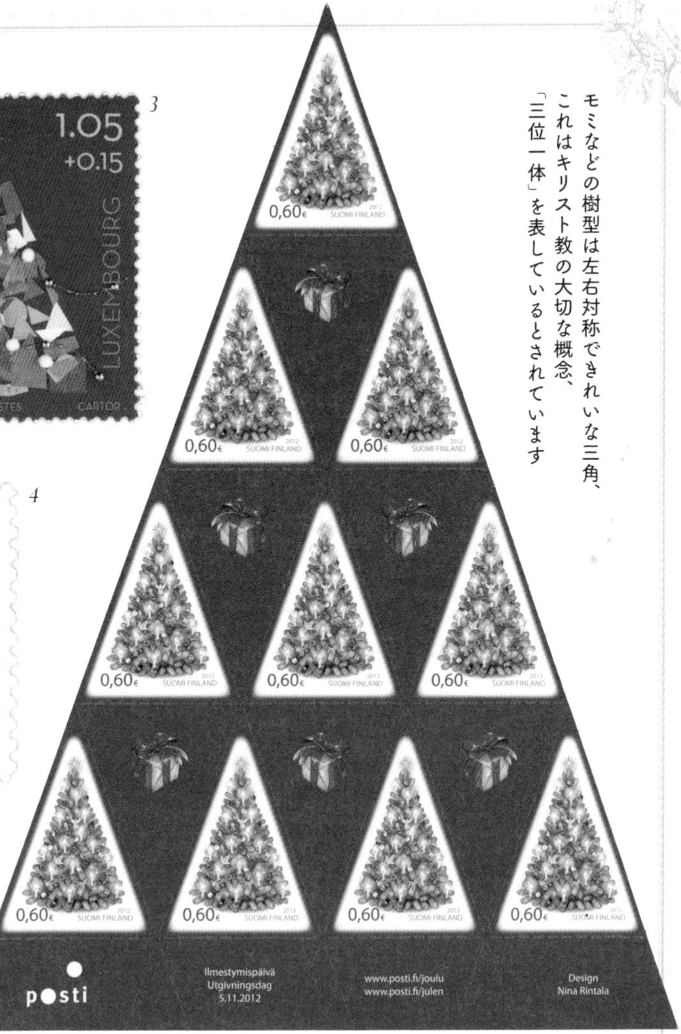

5

モミなどの樹型は左右対称できれいな三角、これはキリスト教の大切な概念、「三位一体」を表しているとされています

1. クリスマスカード「左右対称に飾り付けられたクリスマスツリーと少女」（1924年 米国で使用）
2. 切手「クリスマスツリー（クリスタル付き）」（オーストリア 2019年発行）
3. 切手「クリスマスツリー」（ルクセンブルク 2019年発行）
4. 切手「クリスマス切手・クリスマスツリー加刷２種」（キューバ 1953年発行）
5. 変形（三角形）切手シート「クリスマスツリー」（フィンランド 2012年発行）

は森の中でも特殊なものとされていたと言われ、きれいな三角形の針葉樹、モミが神聖視される要因の一つになったと考えられています。

また、形だけでなくモミの木自体が常緑樹の中でも特に神聖視されていたということもツリーに採用された要因でしょう。「モミの木の歌」はクリスマスソングの定番の一つですが、このオリジナルの歌詞の中に「高貴な枝」とか「高貴なモミ」とあります。この曲は1550年に印刷され普及した歌にその起源をさかのぼることが出来ますから、ちょうど植林政策の転換によるモミの木の普及とマイエの神聖性が当初から結びつき、モミの木の神聖性が形成されたと想像できます。「モミの木の歌」は1820年には「クリスマスに大きな喜びをくれる木よ」という歌詞を含む現在の姿になっていることから、19世紀にはクリスマスツリーといえばモミの木という図式が出来上がっていたのでしょう。

クリスマスツリーと不幸な歴史

Sad history of Christmas tree

1

緑の小枝マイエを起源とするクリスマスツリーですが、小枝を使う習慣が大きな木を使う習慣になったのはなぜか、色々な説があります。そのうちの一つに「パラダイスツリー」説があります。

欧州中世では「神秘劇」というものが人気を博していましたが、中でも「楽園劇 Paradise Play」が人気でした。これは天地創造からアダムとイブが楽園を追放されるまでを描いた劇です。この劇に使われる小道具がモミの木でパラダイスツリーと呼ばれます。この木には、リンゴ（アダムとイブが楽園から追放されるきっかけとなった禁断の実の象徴。後に飾り玉で代用）が吊るされていました。このパラダイスツリーと、ロウソクや緑の枝マイエを飾るピラミッド状の棚であるクリスマスピラミッドが融合して、クリスマスツリーの原型になったというのが「パラダイスツリー」説です。つまりは人間の原罪を象徴的に表す木がクリスマスツリーであるという不幸なお話になっています。

さて、クリスマスツリーを飾る習慣自体が一般市民に広がったきっかけについては、1870〜71年の普仏戦争と、その後の第一次世界大戦（1914～18年）と言われます。

元々、プロイセンで行われていたクリスマスツリーの習慣ですが、普仏戦争時に兵士の労をねぎらうためプロイセン国王が野戦病院や避難所にツリーを設置しました。ドイツ各地から召集された兵士たちはそのきれいなツリーを見て心を癒し、その後、故郷に帰省するとプロイセンのクリスマスツリーは素晴らしい習慣であるということで、ドイツ各地でクリスマスツリーを飾るようになったとのことです。また第一次大戦では紙などで作った小さなツリーを郵便で兵士に送る家族がドイツで多くあり、それによってクリスマスツリーを飾る習慣を知らなかった兵士にまでクリスマスツリーが普及しました。

一見、美談のようですが、当時のクリスマス休戦の実態からはかなり悲惨な戦場の様子が見て取れ、クリスマスツリーが不幸な歴史の出来事により普及していく様を知ると複雑な気持ちになります。

人間の原罪を象徴的に表すパラダイスツリーが、クリスマスツリーの原型とされています
また、戦争によりクリスマスツリーを飾る習慣が普及していきます

マイエを飾るピラミッド状の棚「クリスマスピラミッド」

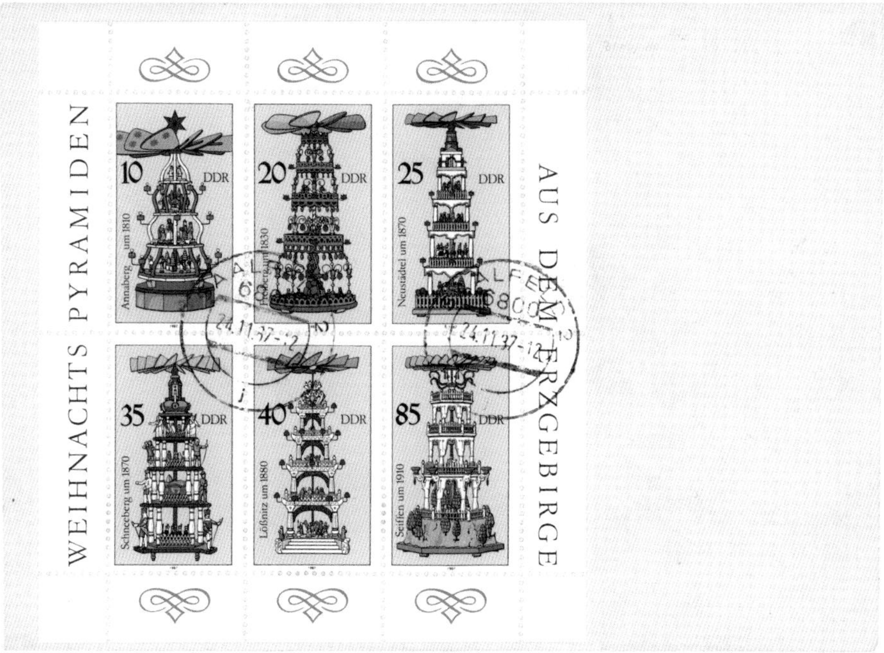

2

3

←禁断の実のリンゴを象徴した飾り玉

1. クリスマスカード「戦場でのクリスマスツリー」
（1914年ドイツで使用）
※第一次大戦中にドイツ帝国陸軍第24補充部隊から差出し

2. 初日印カバー「クリスマスピラミッド」
（東ドイツ 1967年発行）

3. 小型切手シート「クリスマス切手・様々な飾り玉」
（カナダ 2010年発行）

クリスマスツリーの普及

Popularization of Christmas tree

1

クリスマスツリーの普及への道のりは決して平坦ではありませんでした。たとえば中世慣習法では、森からクリスマスのマイエを切ってはいけないとされています。また16世紀初頭に行われたキリスト教の説教にも、モミの小枝を部屋に飾るのは異教の習慣であり、やめなければならないと述べているものがあります。そんな中、「ベネディクト修道会のボニファティウスがゲルマン人のカシの木（広葉樹）信仰をやめさせ、キリスト教の三位一体の象徴としてモミの木をもちだし、正しい信仰への道筋をつけた」という話が流布します。

一方、キリスト教としてクリスマスツリーが普及するきっかけの一つに宗教改革があります。マルティン・ルターはカトリックに対抗するプロテスタントのクリスマスの象徴としてクリスマスツリーを飾ることを後押ししました。

ところで、ドイツでは最初に上流階級の間でクリスマスピラミッドに代わりクリスマスツリーが普及したのは1800年頃と言われます。1816年に出版された本には、クリスマスツリーの飾り付けは部屋を閉めて大人が

2

宗教改革や
第二次世界大戦を経て、
クリスマスツリーを飾る習慣は
徐々に普及していきました

3

行い、子供たちは24日の夜まで見てはいけないことになっていた様子が描かれています。

その後、米国へはドイツ移民によって18世紀中盤にクリスマスツリーがもたらされました。また、独立戦争時のドイツ人傭兵により、広く米国でもその習慣が知られるようになったとの説もあります。1923年には初めての戸外の大きなツリーがホワイトハウス前に立てられ、現在に至っています。

このように主にプロテスタントの習慣として広がったクリスマスツリーですが、イタリアには第二次世界大戦で欧州に進駐した米兵が持ち込んだようです。現在ではクリスマスツリーはカトリックの大本山であるバチカンのサンピエトロ大聖堂の前にも立てられることが慣例化しており、りっぱなキリスト教の習慣になっています。また非キリスト教の地域でも「ホリデーツリー」として親しまれているのは、人類が持つ根源的な樹木信仰の奥深さの由縁なのかもしれません。

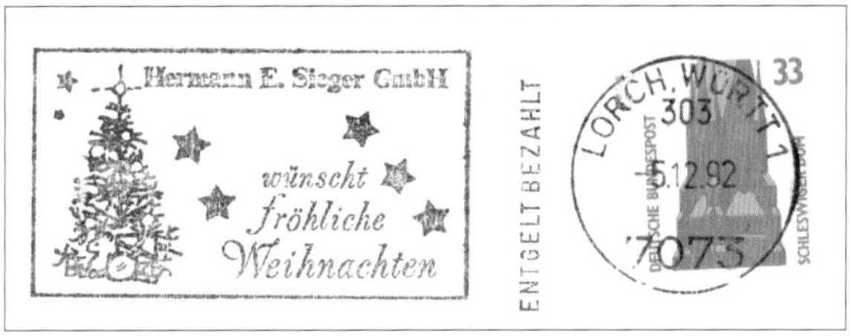

4

5

1. クリスマスカード「飾り付けられたクリスマスツリー」（1912年 米国で使用）
2. 切手「ホワイトハウス前のクリスマスツリー」（米国 1963年発行）
3. クリスマスカード「飾り付けられたクリスマスツリー」（1908年 フィンランドで使用）
4. クリスマス広告印「Hermann E. Sieger GmbH切手商 クリスマスツリー」（ドイツ 1992年）
5. 切手２種「野外の巨大クリスマスツリー」（グリーンランド 2003年発行）

オーナメントの今昔

Christmas ornament - past and present

1

2

現在ではクリスマスツリーにクリスマス飾り（オーナメント）を吊して、きれいに飾り付けるのが当たり前になっています。金銀の飾り玉や、ベツレヘムの星、天使の像やベル、馬蹄など「クリスマスアイテム」を飾るのが定番です。

では、いつからクリスマスツリーを飾る習慣が出来たのでしょうか。クリスマスのマイエに、クッキーやリンゴを飾りとして付けたという16世紀のドイツの記録が残っています。また1570年頃の各地の職業組合の記録にも小さな木にリンゴや木の実、プレッツェルなどの飾りを付けて祝ったという記載があります。このようにクリスマスツリー（マイエ）に飾り付けをするという習慣はかなり初期の段階から行われてきたと考えられます。ツリーの成立とオーナメントの成立は切っても切り離せない関係だったといえます。

初期のクリスマスツリー（マイエ）に付けたオーナメントは、たとえばフライブルグの1773年頃の記録を見ると「クッキーなどの菓子、リンゴ、彩色された木の実、色紙、金箔飾り」と、もう少し詳しく書いてあります。これらオーナメントのうち食品がその大部分を占めているわけですが、当初、オーナメントは食べるために付けられていました。クリスマスツリーを子供たちが揺すると、色々な食べ物が「ギフト」として降ってくるという仕組みです。

ギフトを飾るという習慣はその後も続き、円錐形の飾りに食品をギフトとして飾ったり、動物など様々な形をした紙の容器にギフトを入れて飾ったりなどしたようです。そのうち、きれいな色に塗った木の実がいつの間にか飾り玉に変わって現在のオーナメントになったのですが、当初はドイツで数多くの様々なオーナメントが製造されました。18〜19世紀のことです。

一方、クリスマスツリーにロウソクを飾る習慣は、俗説ではありますが、マルティン・ルターが考案したともいわれます。しかしロウソクの炎で火事が頻発したことから、エジソン電気照明会社がロウソクの代わりになるツリー用電球を最初に発明供給しました。

3

4

5

6

7

クリスマスツリーに色々な食べ物を「ギフト」として飾ったり、オーナメントやロウソクを飾る習慣が定番になりました

1. クリスマスカード「食品を含む様々なオーナメント」（1925年 フィンランドで使用）／*2.* クリスマスカード「飾られたクリスマスツリーとクリストキント」（1909年 米国で使用）／*3.* クリスマス消印「針葉樹の枝に飾られたロウソク」（チェコスロバキア 1947年）／*4.* 切手「各種食品で構成されたクリスマスツリー」（オーストリア 2020年発行）／*5.* 切手「クリスマス加刷 針葉樹の枝に飾られたロウソク 7種のうちの1種」（トリエステゾーンA 1953年発行）／*6.* 切手「飾り玉で飾られたクリスマスツリー」（ルクセンブルク 2011年発行）／*7.* 切手「飾り玉で飾られたクリスマスツリー」（モナコ 2009年発行）

Column
コラム

板東収容所で飾られたクリスマスツリー

Decorated Christmas tree at the Bando POW camp

▲板東収容所製のクリスマスカード「鉄条網とクリスマスツリー」
（1917年使用 ドイツ宛捕虜郵便）

第一次世界大戦がはじまると日本はドイツに宣戦布告し、中国・山東半島の青島を攻めます。この戦いはドイツ軍が降伏するかたちで終結しました。その結果、日本は4,600余名のドイツ人俘虜を日本に送りました。

ドイツ人俘虜の収容所は当初は12か所、後に6か所に統合されますが、そのうちの一つが徳島県に設置された板東俘虜収容所です。

板東俘虜収容所の名前は、映画「バルトの楽園」で知った方も多いと思います。1918年にドイツ人俘虜によって、ベートーヴェン交響曲第九番がアジアで初めて合唱付きで全曲演奏されたことは有名です。

実はこの板東収容所は、活発な印刷活動を俘虜が行ったことでも有名で、他の収容所と比べても「板東収容所の印刷出版活動が群を抜いている」と言われていました。この印刷技術を使い２種類の収容所切手を独自に発行したことは切手収集家の間で有名です。

さて、ここに紹介するのは1917年に板東収容所で作られたクリスマスカード（ドイツ宛）で、鉄条網とクリスマスツリーが描かれています。他のクリスマスカードで収容所第１棟に飾り付けられたツリーが描かれていること、1918年会計年度坂東収容所義捐金の使途に第１棟クリスマス飾り付けが計上されていることから、実際に収容所内にクリスマスツリーが飾られていたと思われます。

第6章

クリスマスに
登場する動物

Animals in Christmas scene

ヒツジ

Sheep

1

クリスマスカードでもっとも頻繁に図案として取り上げられる動物の一つにヒツジがあります。このヒツジですが動物の中でも家畜化された歴史が古いものの一つとされていて、毛や肉が利用されてきました。そのためかは不明ですが、肉食を禁じていない宗教において、ヒツジを食べてはいけないという事例はあまり見ません。

さて、キリスト教ではキリストのことを「神の子羊」と呼んだりもします。ヒツジの性格が従順でおとなしいことから、自己犠牲の象徴として使われているのです。このようにキリスト教においてヒツジは最初から特別な存在であるように思われます。

キリスト生誕とヒツジにまつわる話は、ルカによる福音書に出てきます。それによると、羊飼いたちが天使などにキリストの生誕を知らされてベツレヘムに拝みに行くことが書かれています。そのためクリスマスを描いた図絵や話では、ヒツジがよく取り上げられる動物になっているのです。

救世主の生誕を最初に羊飼いたちが知らされたことから、ベツレヘムのクリスマス祝いの行事は、羊飼いの牧場で行われています

2

3

←ベツレヘムに拝みに行く羊飼いと、一緒に描かれているヒツジ

1. クリスマスカード「羊で遊ぶ子供」(1937年 フィンランドで使用)
2. クリスマス用航空書簡(オーストラリア 1991年発行)※額面部に幼子キリストと羊
3. クリスマスカード「羊飼いとガイディングスター」(1939年 フィンランドで使用)
4. 切手「天使と羊飼い」(英国 1979年発行)
5. 切手「クリスマスの羊」(エストニア 2002年発行)

4

5

ではなぜ、羊飼いたちが最初にキリスト生誕を知らされたのでしょうか。実は当時、羊飼いたちは低い身分の人たちでした。それは長期間にわたり夜間も起きてヒツジの世話をする放牧生活などもあり、体が不潔であったことが影響しています。キリストの出身母体であるユダヤ教団の人々は宗教儀式の際に体などを清めることが知られています。つまり羊飼いのライフスタイルがユダヤ人の宗教的習慣に反しているために、身分が低くされていたということだそうです。その身分の低い羊飼いが天の軍勢や天使から最初に救世主の生誕を知らされたという話になっているのは、キリスト生誕という事柄が宗教的普遍性を有していることを表現しているのでしょう。

羊飼いに天使が近づき、キリスト(救い主・メシア)の生誕を知らせる。すると天使に天の軍勢が加わり、神を賛美したとの物語は本当にドラマティックですね。今ではベツレヘムのクリスマス祝いの行事は、羊飼いの牧場で行われているとのことです。

ガチョウとハト

Goose and pigeon

1

「クリスマスの12日間（Twelve Days of Christmas）」という歌があります。これはクリスマスを祝う歌の一つで、クリスマスから公現節までの「クリスマスの12日」に毎日もらう贈り物について、同じ旋律を繰り返す「数え歌」です。18世紀に英国で歌詞が作られたこの曲は民謡からとったといわれる素朴なメロディーを持ちますが、歌われている贈り物のそれぞれにクリスマスという行事の背景が見え隠れして大変興味深いものです。さて、この「クリスマスの12日間」に出てくる贈り物の一つとしてガチョウがあります。

ヨーロッパではクリスマス料理やそれに先立つ収穫祭（聖マルティン祭）に食べられていたのがガチョウです。この時期、ガチョウは一番脂がのっておいしいからだそうです。英国では昔は庶民のために「ガチョウ倶楽部」というクリスマスディナーのためにお金を積み立てる互助活動もあり、それを題材にしたコナン・ドイルのシャーロック・ホームズ「青い紅玉」は有名です。

ところで、そのガチョウにもキリスト教的な逸話があります。昔話

クリスマスから公現節まで、
毎日もらう贈り物について歌っている
数え歌の「クリスマスの12日間」に、
贈り物の一つとして
ハトとガチョウが出てきます

2

3

4

5

6

ですが、聖マルティンがトゥールの大司教に選ばれたとき大司教になりたくないため身を隠しました。それを見つけて鳴いて知らせたのがガチョウだったので、聖マルティン祭でガチョウを食べる、というのがその説です。クリスマス（冬至祭）は「収穫祭のやり直し」といわれるお祭りですから、収穫祭＝聖マルティン祭で食べられるガチョウがクリスマスにも食べられるようになったという背景がありそうです。ちなみに、ドイツではこの聖マルティン祭の11月11日からクリスマスが始まる地域があります。

さて、意外に思われるかもしれませんが、ハトもクリスマスに登場する鳥です。「ルカによる福音書」によると、聖母マリアの産後の清めにハトのつがい、あるいは雛２羽を生け贄としてエルサレムの神殿に奉納したとのことです。これは旧約聖書において産婦の清めの儀式にヒツジ１頭とハト１羽（貧しい家庭はハト２羽でよい）を奉納すること、とされているからだそうです。

1. クリスマスカード「ガチョウとトントゥ」（フィンランド 1930年代製造）※未使用

2. 切手「クリスマスの12日間・４羽のムクドリと６羽のガチョウ」（英国 1997年発行）

3. 切手「クリスマスの12日間・２羽のキジバトと３羽のめんどり」（英国 1997年発行）

4. 切手２種「クリスマスオーナメント・ハト」（スウェーデン 1981年発行）

5. 小型記念通信日付印「２羽のキジバト（２日目）」（日本・切手の博物館「クリスマス展」2013年〈平成25年〉）

6. 小型記念通信日付印「６羽のガチョウ（６日目）」（日本・切手の博物館「クリスマス展」2013年〈平成25年〉）

第6章

森の生き物たち コマドリ、ウサギ、リス

Wildlife in the forest - robin, rabbit, squirrel

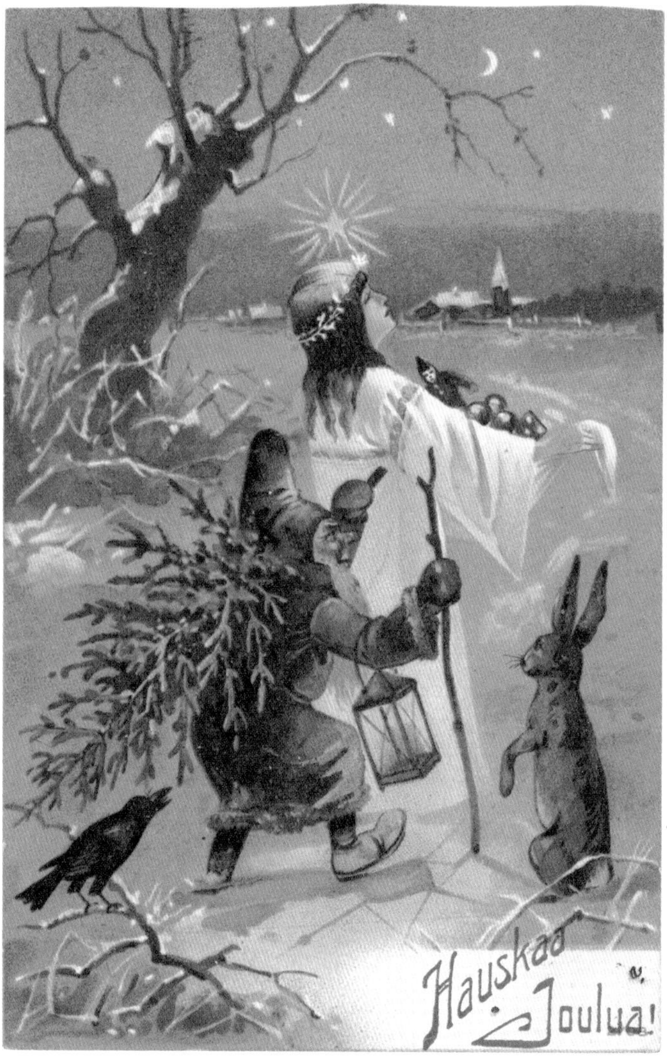

1

冬の森林でもっともポピュラーな動物のウサギ

コマドリはクリスマスカードに登場する小鳥として知られていますが、雄の胸部が赤い色をしていることで有名です。カードによっては赤い胸の雄の他に、雌のコマドリを取り上げられている例も多く見られます。コマドリがクリスマスに登場する理由ですが、二つあるようです。一つはその美しい声です。世界最初のクリスマスにキリストの降誕を祝うために世界中からあらゆる種類の動物が集まってきたのですが、中でもコマドリは天使に負けない美声で歌を歌い、その褒美としてさらに美しい声をもらったという言い伝えがあります。

もう一つの理由ですが、十字架に磔にされたキリストの額にささった茨のとげを抜いたとき、返り血で胸が赤く染まったという言い伝えから、慈悲の心を表す生き物として取り上げられるようになったそうです。

さて、クリスマスカードによく登場する動物にウサギがあります。ほとんどのケースで、ウサギは白ウサギの姿で登場しており、

2

美しい声と、
慈悲の心を表す生き物として
クリスマスカードに登場するコマドリ

森の中にたたずむ姿や走り回る姿が描かれています。なぜウサギがクリスマスのお祭りに登場する動物とされているのかその由来は不明ですが、ヨーロッパの冬の森林でもっともポピュラーな動物であるという説や、雪が積もるホワイトクリスマスの象徴として白ウサギが使われているなど、諸説があります。また、中欧のドイツやチェコでは鯉などの魚類の他、ウサギをクリスマスに食べる地域もあるそうです。今ではクリスマスのオーナメントとしてもウサギの人形が使われています。

その他にクリスマスに頻繁に登場する動物にリスがあげられます。リスが登場する由来も不明とされていますが、森の動物と仲が良いとされるトントゥと一緒に出てくるケースが非常に多いので、トントゥの遊び友達としての役目を負っているのかもしれません。

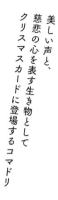

3

トントゥの遊び相手のリス

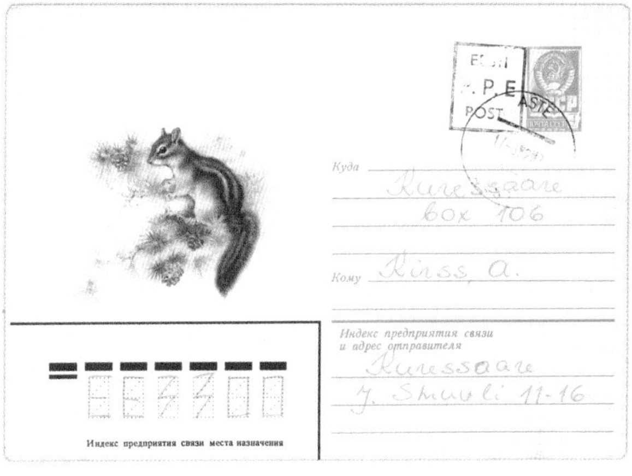

4

1. クリスマスカード「クリストキント、トントゥとウサギ」（1907年 フィンランドで使用）
2. 切手5種「クリスマス・コマドリ」（英国 1995年発行）
3. クリスマスカード「ヒイラギとコマドリ」（1909年 米国で使用）
4. 印面付き封筒「クリスマス・リス」（1982年 エストニアで使用）

森の生き物たち クマ、シカ

Wildlife in the forest - bear and deer

魔力をもつ動物とされるクマ

1

クマは、元々土着性の高い古いタイプのクリスマス行事・冬至行事に出てくる動物です。ヨーロッパではクリスマスから1月6日前夜までの期間を「十二夜」と呼んでいます。この十二夜の期間中は冬の象徴である悪霊や魔力を持つ動物が屋外をうろつく恐ろしい時期と考えられていますが、その魔力を持つ動物の一つにクマがあげられています。キリスト教伝播以前の古い土着習慣がクリスマス行事と合体した一例と言われています。

では、なぜクマに魔力があるとされているのでしょうか。

2

背景としてはヨーロッパに生息する動物の中で、昔からクマが人々に対し恐れに近い強い印象を与えていたことがあります。クマは生態系の頂点に立つ最強の動物なのでヨーロッパにおいてはライオンと同様に「百獣の王」として認識されており、様々な民間伝承に取り上げられています。その一例としてはアーサー王伝説と、クマにまつわる神話の関係性があります。たとえばアーサー王が偉業を達成した日にちは、クリスマスと２月２日（クマの冬眠が終わるのを祝う日）とされている他、そもそもアーサー王の名前がケルト語でクマを表すアルトスという語に由来しているとされています。このような背景で、クリスマスカードなどでクマが登場する機会があるのです。

さてクリスマスでは、トナカイだけでなく、その他のシカの姿が描かれている例が多く見られます。クリスマス説話にはシカの話は出てこないので、不思議なことです。しかしドイツなど欧州各地でクリスマスにシカを食べる習慣を持つ地域があり、祝祭の意味としてクリスマスカードに描かれているだろうと思われます。シカの他にも様々な野生動物がカードにはしばしば登場します。いずれも冬至祭で野生の獣肉＝ジビエを食べるというキリスト教以前の古い習慣を由来としていますので、豊かな収穫を願うツールとしてクリスマスに登場するようになったのでしょう。

3

豊かな収穫を願う動物として
クリスマスに登場するシカ

4

1. クリスマスカード「クマにまたがるトントゥ」
（1954年 フィンランドで使用）
2. 切手「1908年のクリスマスプレゼント・クマのぬいぐるみ」
（ガーンジー諸島 1998年発行）
3. 切手「クリスマス・ノロジカ」（ルクセンブルク 2008年発行）
4. クリスマスカード「子供とシカ」（1958年 フィンランドで使用）

Column
コラム

謎の登場・ネコ

Mysterious featuring - cat

With best
Christmas Wishes

◀クリスマスカード「ネコ」（1908年 米国で使用）

ネコもクリスマスカードによく登場する動物です。ただ実はその理由はあまりよく分かっていないようです。ネコはヨーロッパでは魔力を持つ動物と考えられていたので、それと関係があるかもしれません。それとは別に、キリスト降誕時の俗説も流布しています。降誕を祝うために世界中から集まった動物のうち、ネコもいました。そのネコはトラ猫だったのですが、キリストの誕生に興奮し赤ん坊（キリスト）に飛びつこうとしました。驚いた聖母マリアが、慌ててネコのおでこを押さえました。それでトラ猫の額にはマリアの頭文字「M」がついてしまった、という話です。

また、オランダにはクリスマスから新年にかけて食べられている「悪魔の牝猫・ダイフェカーター」という菓子があり、ちょっと怖い物語をともなった豊作を願うアイテムとのことです。

第7章

クリスマスの食べ物

Christmas Food

冬至のお祭りのブタ

The winter solstice festival and pig

1

意外にもクリスマスカードの定番の絵柄としてブタは頻繁に出てきます。クリスマスとブタの取り合わせは不思議な感じがしますが、なぜブタなのでしょうか。冬至祭の主要テーマが現代のクリスマスの祝祭にも深く根付いている事はよく知られているので、ここではまず冬至におけるブタについて紹介することにします。

ゲルマン人やスカンジナビア人は冬至にイノシシやブタを食べていました。イノシシは中世までは平民の貴重な肉食源でしたが、それのみならず豊かな収穫の象徴で、また、穀物の霊も宿っているとされていました。さらに、繁殖力が旺盛なことから豊穣のシンボルと考えられていました。そのために、冬至祭では豊穣神フレイへの供物としてイノシシが使われました。この北ヨーロッパの冬至の伝統が今のクリスマスに取り入れられたと考えられています。

さて、現在のように開発される前のヨーロッパは、人の踏み入ったことのない深い森林が広がっており、その中を集落と集落を結ぶ細い道が通っていました。その後、人間の容赦のない開墾や開発により、深くて広大な照葉樹林からなる森林が消え去ってしまい、それに取って代わった針葉樹があちこちに見られる現在の風景が形作られました。その元々あった広大な照葉樹林ではそこで落ちるドングリを餌とするイノシシがよく捕れ、それが冬至の祭事に使われました。しかし野生のイノシシが減少するに従って、代わりにブタが用いられるようになりました。

最初の頃のブタの飼育は、森林で育つイノシシを参考にして行われていたと思われます。つまり、森の中に放し飼いにしたブタを秋の収穫時期に駆り集めてくる、という飼育方法をとっていました。秋にはドングリをたっぷり食べてブタが肥え太るからです。そのブタをハムなどの保存食に加工し、冬の間の食料にしていたそうです。この貴重な冬の保存食を冬至のお祭りのごちそうとして食べる、これが冬至祭とブタの関係です。

2

3

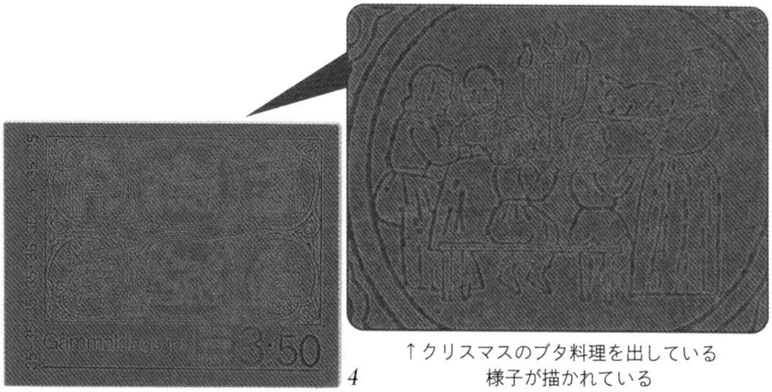

4

↑クリスマスのブタ料理を出している様子が描かれている

ブタは貴重な冬の保存食であり、冬至のお祭りのごちそうとして食べられていました

1. クリスマスカード「子供とブタ」(1920年 フィンランドで使用)

2. クリスマスカード「贈り物を持つクリスト・キントとブタ」(1907年 スウェーデンで使用)

3. クリスマスカード「贈り物を持つ子供たちとブタ」(1913年 米国で使用)

4. 切手帳表紙（上段中央）「クリスマスのブタ料理」(スウェーデン 1971年発行)

クリスマスとブタの関係

The relation between Christmas and pig

1

多くの冬至祭の習慣がクリスマスの祝い方として取り入れられていますが、ブタを使う祭事も例外ではありません。たとえばデコレーションしたイノシシ＝ブタの頭(Boar's Headといいます)を持ち、「イノシシの頭のキャロル」を歌いながら行進するという不思議な祭事が英国では行われていました。そのようなブタをセレモニーに使う祭事はあまりキリスト教的ではないのかその後消えていき、今ではブタの頭だけを象徴的に料理の飾りに使うようになっています。しかし現在でも英国オックスフォード大学クィーンズカレッジでは、学生たちが「イノシシの頭のキャロル」の習慣を続けているそうです。

祭事では廃れましたが、イノシシやブタをお祝いのごちそうとして食べる習慣はクリスマス料理として残り、16世紀頃からは豚の口にオレンジやリンゴをくわえさせたものを大皿に乗せ、月桂樹やローズマリーで飾り付けるようになりました。一例としてはエリザベス朝時代のブタを使ったクリスマス料理「ブローン」はその詳細な調理方法が記録として伝わっています。

ブタを使う祭事など、クリスマスとブタは切っても切れない関係があります

2

God Jul
R.Wallman

3

13p

↑英国で行われていた、ブタの頭を持ち、「イノシシの頭のキャロル」を歌いながら行進する行事

さて、キリストの出身母体であるユダヤ教ではブタを食べませんので、おそらくキリストもブタを食べなかったと思われます。ではなぜキリスト教ではブタを食べてクリスマスを祝うことが出来るのでしょうか。キリスト教信者の間ではブタにまつわるキリスト誕生時の面白いエピソードが伝説として伝わっているようですが、実際のところはブタを食べることでキリスト教とユダヤ教の違いを鮮明にするとの説があります。

今でも北欧ではクリスマス料理のメインとしてブタ料理を食べるのが普通で、ハムやソーセージなどの加工食品も盛んに食べられます。たとえばフィンランドでは「ヨウルキンック（クリスマスハム）」という料理がクリスマスのごちそうとされています。

このようにクリスマスとブタは切っても切れない関係があるため、カードの図案でもブタは色々な形で取り上られています。ただ日本人の目から見るとちょっとクリスマスデザインとしてはおかしいように見えるかもしれません。

Hyvää Joulua
ja
Onnellista Uutta Vuotta

4

1. クリスマスカード「ブタの形のクリスマスオーナメント（エンボス加工）」（1902年 スウェーデンで使用）／*2.* クリスマスカード「ブタの頭などクリスマス料理を楽しむサンタ（もしくはトントゥ）」（1930年 フィンランドで使用）／*3.* 切手「イノシシの頭のキャロル」（英国 1978年発行）／*4.* クリスマスカード「ブタの頭とビール」（1962年 フィンランドで使用）

クリスマスの香り ジンジャークッキー

The scent of Christmas - ginger cookie

1

クリスマスに焼かれるクッキーに「ジンジャークッキー」があります。なぜクリスマスとクッキーという取り合わせが生まれたのでしょう。実は古代ローマの時代から、いつもは発酵パン（普通のパン）を食べる地域でもハレの日には無発酵パン（クッキーもその一種）を作る風習がありました。大昔には人間は無醗酵の生地を焼いて食べていたと考えられますが、その後、生地が自然発酵することを見つけ発酵パンを焼くようになりました。祭事が太古の昔の頃に則って行われると考えれば、原始的な無発酵パンをクリスマスのようなハレの日に作るということも自然なのでしょう。ただしハレの日の無発酵パンはお祝いにふさわしく蜂蜜、バター、香料などで味を付けた「クッキー」になります。

2

クリスマスに様々な形の
クッキーを焼いて、
将来の豊かな収穫を祈願したと
考えられています

3

↑ジンジャークッキー
を焼く様子

4

5

6

さて、ドイツなどではクリスマスが行事として発達していく過程で、「賜り物の皿」というものがありました。これはクリスマスイブに「クリスト・キント」がお皿にリンゴや木の実、ボンボンやクッキーを置いていくという習慣です。これが後世には、人同士によるクリスマスプレゼントの交換という習慣に変わっていきます。その賜り物の皿に乗ったクッキーがクリスマスツリーに飾られるようになりますが、そのクッキーは色々な形をしています。星や人、ハート、ブタ、魚などの形です。クリスマスや収穫祭において豊穣や収穫に関係する動物や人などの形でクッキーを作り、将来の豊かな収穫を祈願したと考えられています。

ところで、クリスマスにはクッキーで作られた「お菓子の家」が飾られます。ドイツでは「魔女の家」と呼ばれますが、これはグリム童話「ヘンゼルとグレーテル」の話に出てくるパン（後にクッキー）の家が由来です。元々はクリスマスに関係がなかった「ヘンゼルとグレーテル」の魔女の家ですが、ケルンのヴェッテ女史の子供向けクリスマス劇の脚本にその兄が付けた曲をもとにしたオペラ「ヘンゼルとグレーテル」フンペルディンク作が1893年12月23日に初演され、そこから「魔女の家」はクリスマスの定番になっていったとのことです。

1. クリスマスカード「ジンジャークッキーを持つトントゥ」（1943年 フィンランドで使用）

2. 切手「刺繍の魚型ジンジャークッキー（シナモンの香り付き切手）」（スロバキア 2011年発行）

3. 切手帳表紙「トントゥとジンジャークッキー」（スウェーデン 1983年発行）

4. クリスマスカード（宛名面）に貼られているクリスマスシール（複十字シール）「ジンジャークッキーを焼く様子」（1980年フィンランドで使用）

5. 切手シート「ジンジャーブレッドハウス（お菓子の家）」（米国 2013年発行）

6. 小型切手シート「クリスマスオーナメントとして飾られるジンジャークッキー」（カナダ 2012年発行）

クリスマスの香り リンゴ

The scent of Christmas - apple

1

北ヨーロッパでは冬至祭に常緑樹にリンゴをつるし神の捧げ物としていました。これは寒くなる秋から冬にかけて収穫されるリンゴが生命力のシンボルと考えられていたことと関係があるようです。

また中世に教会前の広場で行われた受難劇で「知恵の樹」もしくは「生命の樹」としてモミの木を使った時に、「禁断の果実」としてリンゴを吊したためクリスマス行事にリンゴが使われるようになったとも言われます。この知恵の樹／生命の樹はクリスマスツリーの起源の一つとされています。

ちなみに、キリスト教ではラテン語で「罪」と「リンゴ」がどちらもマールムと書かれる同音異義語だったため、「エデンの園」の知恵の樹はリンゴだったのではないかと解釈されていました。アダムとイヴが楽園を追放されるもと

2

3

▶日本発行

2009年に発行された「日本・フィンランド共通図案切手」。図案は「少女とリンゴ、クリスマスリース」(左が日本発行、右がフィンランド発行)※フィンランドの記念小型印はリンゴ。

▲フィンランド発行

4

◀宛名面にフランス語の解説

Arbre de vie, symbiose de nombreux rites païens, la tradition du sapin de Noël plonge ses racines dans la nuit des temps. Orné à l'origine d'hosties et de pommes rouges, symboles des fruits de la rédemption et de la tentation, **on en trouve la première mention à Sélestat, dans un document datant de 1521** et conservé à la Bibliothèque Humaniste.

Sélestat 1521 ...le premier sapin.

◀宛名面

▶絵柄面

宛名面に「セレスタ(仏アルザス地方の町)において1521年に赤いリンゴを生命の樹に飾り付けた記録がある」との解説文。

5

になる禁断の果実＝リンゴですが、肯定的にもとらえられているようで、18世紀に発表されたアメリカのクリスマスキャロル「リンゴの木」では「イエス・キリストというリンゴの木の栄光を」とか「神の果実」とも歌われています。

さて、「賜り物の皿」にリンゴや木の実、クッキーが置かれていたという事はすでに紹介しましたが、賜り物の皿の食品の中でもリンゴは特にクリスマスの雰囲気を醸し出す果実として重用されています。その赤い色がクリスマスカラーとして使いやすいだけでなく、後にクリスマスツリーの飾り玉で代用される事でも分かるようにクリスマス飾りにもってこいの丸くてきれいな形をしているからです。またデコレーション目的だけでなく、食品としてもお菓子やクリスマスティー、クリスマスコーヒーなど数多くのクリスマスフードに、その香りや味が使われています。このようにクリスマスとリンゴは深い結びつきが見られます。

リンゴは冬至祭の伝統から、またクリスマスツリー、デコレーションの関係から、あるいは宗教的な意味づけからクリスマスに登場するのですが、やはり寒冷地でも育ち冬でも貯蔵可能な果物であることが冬の行事に用いられる大きな理由でしょう。

1. クリスマスカード「クリスマスツリーに飾られるリンゴ、ローソク、クッキーと子供」(1940年 ノルウェーで使用)

2. 切手「リンゴのバスケット(贈り物の皿)」(チェコ 2008年発行)

3. 切手「クリスマス飾りとリンゴ」(ボスニアヘルツェゴビナ 2006年発行)

4. 初日印カバー「日本・フィンランド共通図案切手発行記念 冬のグリーティング切手(少女とリンゴ、クリスマスリース)」※フィンランド側記念小型印はリンゴ(日本、フィンランド 2009年発行)

5. クリスマスカード「セレスタのクリスマス 生命の樹1521」(フランス 2005年製造)※未使用

Column
コラム

クリスマスにお粥を食べる？

Having rice porridge on Christmas day ?

◀クリスマスカード
「納屋で踊るトントゥとミルク粥、
ジンジャークッキー、リンゴ、贈り物など」
（1943年 フィンランドで使用）

早速ですが、このページでお見せするクリスマスカードをご覧ください。妖精トントゥが納屋で踊っている場面の前に置かれているお皿に盛られた白い食品、これがミルク粥・クリスマスプディングです。フィンランドやドイツなど北ヨーロッパではこのミルク粥をクリスマスイブやクリスマス当日の朝食に食べる人が多いようです。

作り方は家庭や地域によって色々あるようですが、お米を生クリームや牛乳などで煮て砂糖で味付けをし、またシナモンなどで香りを付けるのが一般的です。さらに、アーモンド一個を入れる地域もあるようです。これは、お皿によそったときにアーモンドが入っていた人は、自分の望みがかなうという考え方があるからです。フィンランドではクリスマスイブに、納屋にミルク粥を供えて、トントゥが一年間家畜や森を守ってくれたことに対して感謝を伝えるという風習があります。

クリスマスにお粥を食べるというのは、日本人にとってはあまりなじみのない習慣ですね。

第8章

クリスマスに登場するアイテム

Items for Christmas

Hyvää Joulua ja
Onnellista Uutta Vuotta

クリスマスアイテム 丸太と暖炉

Christmas items - log and fireplace

1

2

クリスマスに大きな丸太や薪を暖炉に入れて火を付ける習慣を「ユールログ」と言いますが、これはヨーロッパがキリスト教化される前からのものです。ケルト人、ゲルマン人は12月の「ユール」と呼ばれるお祭りで、オーディンやトールといった神々をたたえていました。このユール祭では、太い丸太に火が付けられますが、これは、闇の恐怖と戦い、闇を追い払う儀式といわれています。冬の間、極端に日が短くなり寒さが厳しくなる北ヨーロッパでは、燃料の確保が重要であり、太陽の復活を祈願して火をおこす宗教儀式がこのようなユールログの習慣に発展したともいわれます。

年越しに火を絶やさない暖炉を
クリスマスの「シンボル」として
描いている

3

**大きな丸太や薪を暖炉に入れて
火を付ける「ユールログ」は
クリスマスの大切な習慣**

4

5

1. クリスマスカード「クリスマスの暖炉と様々なクリスマスアイテム」(1952年 フィンランドで使用)／*2.* クリスマスカード「ユールログを切り出すトントゥ」(1956年 フィンランドで使用)／*3.* クリスマスカード「クリスマスから新年にかけて火を絶やさない暖炉」(1917年 米国で使用)※With hearty good wishes for a Merry Christmas and a Happy New year／*4.* 切手「3本のローソクとクリスマスの暖炉」(ボスニアヘルツェゴビナ 2009年発行)／*5.* クリスマスカード「ユールログをカットするサンタクロース」(1950年 フィンランドで使用)

12世紀後半にドイツで行われたユールログ行事の記録が残っている中で最も古い記録といわれますが、他にもイタリア(アルプス山岳地帯)、バルカン半島、フランス、イベリア半島、イングランドなどでクリスマスの習慣として幅広く行われています。ユールログは最終的には米国やカナダでもクリスマスの習慣として定着しました。これらの地域では、前年のユールログの燃えさしで火を付けなければいけないとされています。また、この前年の丸太の燃えさしや灰は色々な「お守り」として使われているのも興味深い事です。たとえばドイツでは嵐の時の雷よけのお守りとして使われ、「キリストの燃え木」と呼ばれています。一方、フランスではウシや麦の病気に効能があるとされます。

さて、米国では1966年にテレビ局WPIXがクリスマスに暖炉で丸太が燃えるループ映像を3時間にわたり放送し、多くの視聴者の支持を集めました。この伝統は1990年まで続き、今ではWPIXのウェブサイトに移行しています。これは、幼い救世主を暖めるためにユールログの火を絶やしてはいけないという昔からのキリスト教の解釈にも合致する内容で、火の燃える暖炉と丸太が大切なクリスマスアイテムである証です。ちなみにフランスでクリスマス用に作られる丸太状のチョコレートケーキ、ブッシュドノエルは仏語で「クリスマスの丸太」の意味で、すなわちユールログの事です。

クリスマスアイテム 聖書とロウソク

Christmas items - bible and candle

Hyvää Joulua ja
Onnellista Uutta Vuotta

1

Rauhallista Joulua

2

新約聖書のうち、「マタイによる福音書」、「ルカによる福音書」にはキリスト誕生の様子が描かれています。もちろんクリスマス礼拝でも必ず登場しますので、聖書はクリスマスを象徴するアイテムとしてよく使われています。

一方、ロウソクの光は12月の祭事「ユール」、後のクリスマスの時期に大切なもので、ユールキャンドルと呼ばれます。その火は悪魔を祓うといわれ、元々ロウソクは聖なる材料である蜜蝋で作られました。たとえばフィンランドでは、今でもクリスマスの行事として先祖の墓に詣でてロウソクに火を灯すという習慣が残って

ロウソクは
キリスト誕生を象徴する
ものとして、
聖書とともに
クリスマスのアイテムと
なっていきました

3

4

5

6

7

8

います。

一方、キリスト教において救世主キリストはこの世を照らす「世の光」という考え方があり、ロウソクはその誕生を象徴するものとして理解されています。そのため多くの教会の儀式に使われるようになり、自然と聖書とともにロウソクがクリスマスカードや切手の絵柄に象徴的に登場することになりました。

教会儀式において、たとえばキャンドルマス（クリスマスの飾りを外し、ツリーを燃やす日）では人々がロウソクを１本教会に持って行き祝福を受けます。クリスティングル（クリスマスシーズンである待降節に行われる礼拝）では、オレンジの上に差した１本のロウソクがキリストの光を表しています。また、教会や学校で行われるクリスマス伝道礼拝では、「キャンドルサービス」という場面があり、学校、幼稚園などで行われる降誕劇にも「キャンドルの精」が出てきます。ヨーロッパではクリスマスシーズンにユールキャンドルを起源とするロウソクを窓際に飾る習慣がありますが、これはロウソクの光によりマリアとヨセフを家に迎え入れるという意味があるそうです。

さて、３本一組でロウソクが描かれる場合がありますが、これはキリスト教の教義「三位一体」を表すといわれます。一方、４本一組で描かれるロウソクは待降節の間に使われるアドヴェントキャンドルというもので、毎週ごとに１本ずつ灯してクリスマスの日を待つという習慣なのです。

1. クリスマスカード「ロウソク、クリスマス料理と聖ルチアの装束の娘」（1939年 フィンランドで使用）
2. クリスマスカード「教会祭壇の聖書とロウソク」（1937年 フィンランドで使用）※フィンランド結核予防協会による複十字カード
3. 切手「ロウソクと聖書」（ノーフォーク諸島 1960年発行）
4. 切手「ロウソクとリース」（米国 1962年発行）
5. 切手「アドヴェントキャンドル」（スウェーデン 2006年発行）
6. 切手「ロウソクを持つ子供たち」（スロヴェニア 2005年発行）
7. メータースタンプ「クリスマスのロウソク」（1994年 フィンランドで使用）
8. クリスマスカード「アドヴェントクランツのロウソクとミルク粥を食べる子供」（1942年 フィンランドで使用）
※フィンランド結核予防協会による複十字カード
（＊アドヴェントクランツとは常緑樹で作ったリースにアドヴェントキャンドルを飾ったもの）

クリスマスアイテム 天使

Christmas items - angel

HAUSKAA
JOULUA.

1

JOYEUX NOËL

2

キリストの誕生に関する説話には、様々な場面で天使が登場します。たとえばマリアが聖霊によって身ごもったことを知る「受胎告知」では、天使ガブリエルがその事実を告げます。また「処女懐胎」したマリアを捨てないように婚約者ヨセフに神聖な秘密を教えるのも、天使ガブリエルです。キリスト誕生時においては、ルカの福音書によると羊飼いたちが天使と天の大軍に救世主の誕生を知らされ、キリストのもとに駆け付けます。さらには生誕時に天使の合唱があったということですから、クリスマスに登場する中心的なキャラクターと言って良いかと思います。そのため天使はクリスマスの美術や音楽、クリスマス劇、クリスマスカードやクリスマス

キリスト生誕時に様々な場面で登場する天使はクリスマスの中心的キャラクター

3

4

5

飾りに多く登場するようになりました。たとえばクリスマスツリーの頂上にも天使の像が飾られますし、オーナメントやクッキーも天使の形をしたものが作られます。

さて、これらの天使はよくラッパ（あるいは角笛）を吹く姿で現れます。実は、聖書によれば天使のラッパは「この世の終わりを告げるもの」であるとされ、あまりよいしるしではありません。また、キリスト誕生の時、聖書ではラッパは直接的な形では登場しません。羊飼いたちは天使からキリストの誕生を知らされますが、キリスト教では神のメッセージを表象的にラッパの音で表現することがあるようなので、キリストの誕生という神からのメッセージを天使のラッパという形で表現するようになったのでしょう。

ところで、クリスマスカードに出てくる天使ですが、ドレスを着たり、幼女のようだったりすることがあります。本来ならば天使は裸で、性別も不明なはずですから、少し特殊な天使です。一説によるとこの姿は天使ではなくクリスト・キントではないかともいわれます。クリスト・キントはサンタクロースの起源の一つである、幼子キリストを模したギフトブリンガーのことです。天使とクリスト・キントの折衷のキャラクターというところが、その実像かもしれません。

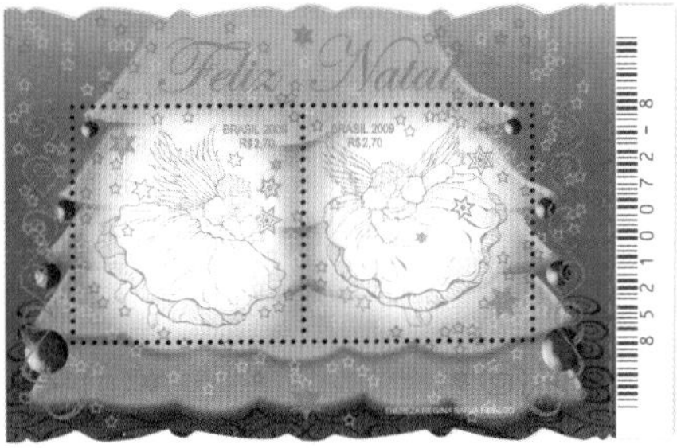

6

7

1. クリスマスカード「トップに天使が飾られるツリーを持つ天使」（1908年 フィンランドで使用）／*2.* クリスマスカード「天使と子供たちとクリスマスツリー」（1910年 ベルギーで使用）／*3.* 切手「ラッパを持つ天使」（ニュージーランド 1976年発行）／*4.* グリーティング用自動化切手「ラッパを吹く天使」（イスラエル 2006年発行）／*5.* 切手「家畜小屋の聖母子と天使」（ドイツ 2006年発行）／*6.* 小型切手シート「クリスマスツリーのモチーフと天使」（ブラジル 2009年発行）／*7.* クリスマスカード「ラッパを吹く天使」（2003年 フィンランドで使用）

クリスマスアイテム 魔除けのベル

Christmas items - amulet bell

1

クリスマスツリーやリースによく飾られるオーナメントの一つにベル(鐘)があります。クリスマスの時、歌と並んでよく聞かれる音響にもそのベルが使われます。元々の由来は、冬至の頃に一斉に出てくる悪霊などをベルの音で追い払うという古代ヨーロッパの習慣です。そのためキリスト教以前には魔除けのベルが冬至の儀式に使われていました。今でもオーストリアなどの中欧では、冬至つまりクリスマスの時に大きなベルを鳴らして悪霊を追い払う儀式が残っています。

さて、キリスト教的には、クリスマスのベルはキリストの生誕の喜びを表すものと理由付けされています。ベルがキリスト教の礼拝式で使われるようになったのは西暦400年くらいからですが、信者をクリスマス礼拝に招くベルの音がその始まりとされています。そこから、キリスト教の慣習としてもクリスマスをベルの音で

2

ベルはキリスト教にとって
キリストの生誕の喜びを表すものと
され、クリスマスの代表的な
シンボルの一つとなっていきました

3

4

5

6

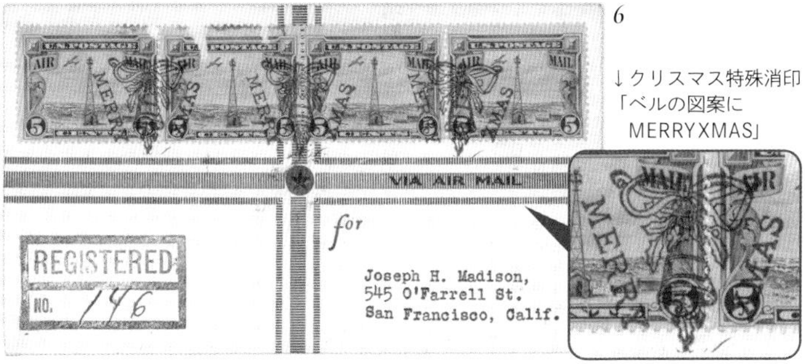

↓クリスマス特殊消印
「ベルの図案に
MERRYXMAS」

7

迎える事が定着しました。一例ですが、イングランドでは聖トマスの日(12月21日)にベル＝鐘を鳴らして、クリスマス休みとクリスマスシーズンの始まりを知らせます。また、ギフトブリンガーが贈り物を持ってきたときにもベルの音が聞こえると言われ、聖ニコラスやサンタクロースがベルを持っている絵などがあります。

このようにベルはクリスマスの代表的なシンボルの一つになり、オーナメントのみならずクリスマスプレゼントの包み紙の絵柄やクッキーの型、クリスマスカードの図案などでその形やデザインが色々と使われています。また、教会に設置されている大きなベル＝鐘を使って一定の旋律を奏でることなども行われています。15世紀には調律したベルと鍵盤を組み合わせて楽器とするカリヨン（組み鐘）が開発され演奏用楽器として使われるなど、クリスマスとベルは密接に結びつくようになりました。

1. クリスマスカード「ベル飾りと教会」（1929年 ドイツで使用）

2. 切手「クリスマス飾り・ベル」（スイス 2008年発行）※図案背景は4言語によるメリークリスマスの文字、銀色箔押しエンボス加工の八芒星

3. 切手「教会の鐘」（ニュージーランド 1984年発行）

4. 切手「教会の鐘」（ブラジル 1968年発行）

5. クリスマスカード「ヒイラギと飾りのベル」（1909年 米国で使用）

6. クリスマス特殊消印(Fancy cancel)「ベルの図案にMERRY XMAS」（米国 1930年使用）※裏面に米国インディアナ州シェレルヴィル（Schererville, Indiana)局日付印

7. クリスマスマーケット記念通信日付印「マインツ市200年・ベルと市章」（ドイツ 1988年）

クリスマスアイテム リースとヒイラギ

Christmas items - wreath and European holly

1

2

クリスマスシーズンに家の扉や壁に掛けるリング状の飾りはクリスマスリースといわれます。「リース」自体は古代ギリシャやローマ時代までさかのぼるとされますが、クリスマスの飾りとして使われるようになったのは19世紀初め頃です。

ツタの輪状の土台にヒイラギやヤドリギ、針葉樹などの常緑樹を付け、ベルやリンゴ、その他のクリスマスアイテムで飾り付けるのが一般的ですが、最近は花やドライフルーツ、その他の材料で作るのも流行っているようです。

3

4

クリスマスリースに使われるヒイラギは「再び訪れる生命のシンボル」として祭事で飾られるようになりました

なお、似たような常緑樹の飾り付けとしては紐状のものを扉や入り口の周り、あるいは長いまま祭壇やテーブルに飾るのはガーランド、束ねるようにして飾るのはスワッグと呼んで区別しています。

さて、クリスマスリースにも使われるヒイラギですが、緑の葉と赤い実の取り合わせは、クリスマスカラーの赤と緑の組み合わせとして美しいので、クリスマスカードの人気の絵柄としてもよく登場します。また「ヒイラギ飾ろう」という世俗的なクリスマスキャロルでも有名で、モーツァルトはバイオリンとピアノのための曲の主題にその旋律の一部を用いています。

実は、昔からヒイラギは魔力を持つ木と考えられてきました。たとえば将来の結婚相手を予見するための儀式に使われました。他には、教会の飾りに使われたヒイラギの枝を暖炉に入れて焚べる事でトラブルを解決出来る、などという不思議な力も信じられてきました。このように不思議な力を持つとされるヒイラギですが、クリスマスとの関連性としては、常緑樹であることから再生と豊穣を祈願する時に使われるようになり、そこから冬至の時期やユール、つまり後のクリスマスの祭事に「再び訪れる生命のシンボル」として飾られることになったようです。

キリスト教的には、葉の縁がとがったヒイラギのリースは十字架にかけられたキリストのイバラの冠を連想させ、その赤い実はキリストが流した血を表しているとされることから、クリスマスでキリストの受肉と受難の象徴に使われてきました。

5

6

1. クリスマスカード「クリスマスのランタン、夜景とヒイラギ」（1959年 フィンランドで使用）／*2.* クリスマスカード「クリスマスリースと少女」（1922年 米国で使用）／*3.* クリスマスカード「ヒイラギ、サンタクロースとクリスマスギフト」（1921年 米国で使用）／*4.* 初日押印マキシマムカード「ヒイラギのガーランド」（リヒテンシュタイン 2008年発行）／*5.* 切手４種「様々なクリスマスリース」（米国 1998年発行）／*6.* 切手「クリスマスデコレーション・ヒイラギのガーランド」（英国 2019年発行）

クリブとは？

What is the christmas crib ?

1

欧米では家庭や教会、町の広場などにキリスト降誕場面を人形や模型で作って飾る風習があり、このジオラマのことをクリブといいます。フランス、英国、米国などでは「クレッシュ」、ドイツでは「クリッペ」、スペインでは「プレシピオ」など各国によって呼び名が違いますが、いずれも「飼い葉桶」の意味です。

最初にキリスト降誕場面を再現したのは、イタリア・アッシジの修道士フランチェスコ（フランシスコ修道会の創設者）であることが知られています。フランチェスコは1223年のクリスマスにグレッチオという町で、洞窟に木と藁で飼い葉桶を作り、本物のウシやロバを配置し、町の人にマリア、ヨセフ、羊飼いなどを演じてもらいました。このように最初は一種の降誕劇でしたが、その後、等身大の模型を使った降誕場面が教会や広場に飾られるようになりました。これをクリブと

2

←人物や動物の足元の台座で、クリブを描いていることが分かる

3

4

5

6

7

クリブとは、キリスト降誕場面を人形や模型で作ったジオラマ
家庭や教会、町の広場に飾る風習があります

1. クリスマスカード「クリブ」(1964年 フィンランドで使用) / *2.* 切手「クリブを眺める子供たち」(スロヴェニア 2009年発行) / *3.* 切手2種「クリブ」(ドイツ 2003年発行) / *4.* 切手6種「様々なクリブ」(ブラジル 2009年発行) / *5.* 切手3種「ひょうたんの中に作られたクリブ」(ブラジル 1977年発行) / *6.* 切手「クリブ」(ペルー 2003年発行) / *7.* クリスマス用航空書簡「クリブを見る少女」(オーストラリア 1964年発行)

呼びます。クリスマスマーケットなどに行くと、今では家庭用にも小型のクリブが売られていて、小さな小屋に各人形が付いたセットや、それぞれの人形が後で買い足せるようになったものなどがあります。

このクリブですが、世界的なコレクターがいるなど収集対象にもなっています。世界最大のコレクションとして有名なものはスイスで作られた「アインジーデルンのジオラマ・ベツレヘム」で数百体の彫像を並べて、ベツレヘムを詳細に再現するだけでなく、羊飼いへのお告げ、東方の三博士、聖家族のエジプト避難まで表しています。

国によってその土地独特のクリブが見られる場合もあります。南米ではひょうたんの中に作られたクリブが制作されたり、北欧では氷で作ったクリブが町中に飾られたりするなど、比べてみるのも興味深いです。

このように、クリブが表す場面はまさにキリストの降誕説話の中の家畜小屋の場面をそのまま表したものですが、クリスマスカードやクリスマス切手のデザインとして、このクリブを絵柄にしたものをよく見かけます。

クリスマスの音楽

Christmas music

クリスマスと音楽は昔から密接に結びついていました。そもそも、羊飼いたちが天使、天の大軍にキリストの誕生を知らされる時には「妙なる調べ」が流れ、さらには天使の合唱があったといわれています。

さて、聖書などの記述から、キリスト教が公認された4世紀頃、古代ローマ帝国時代の12月25日のお祭りにはキリスト降誕の歌が歌われていたと考えられます。しかしその歌がどのようなものだったのか、正確には分かっていません。

その後、9世紀から14世紀の間に単旋律のメロディーのグレゴリオ聖歌が確立します。この時、西方教会では9世紀半ばからオルガンが楽器として使われはじめますが、エチオピア教会を除く東方教会では楽器を使う事は基本的にありませんでした。

さらに時代が下り16世紀になると宗教改革によりそれまでのラテン語に

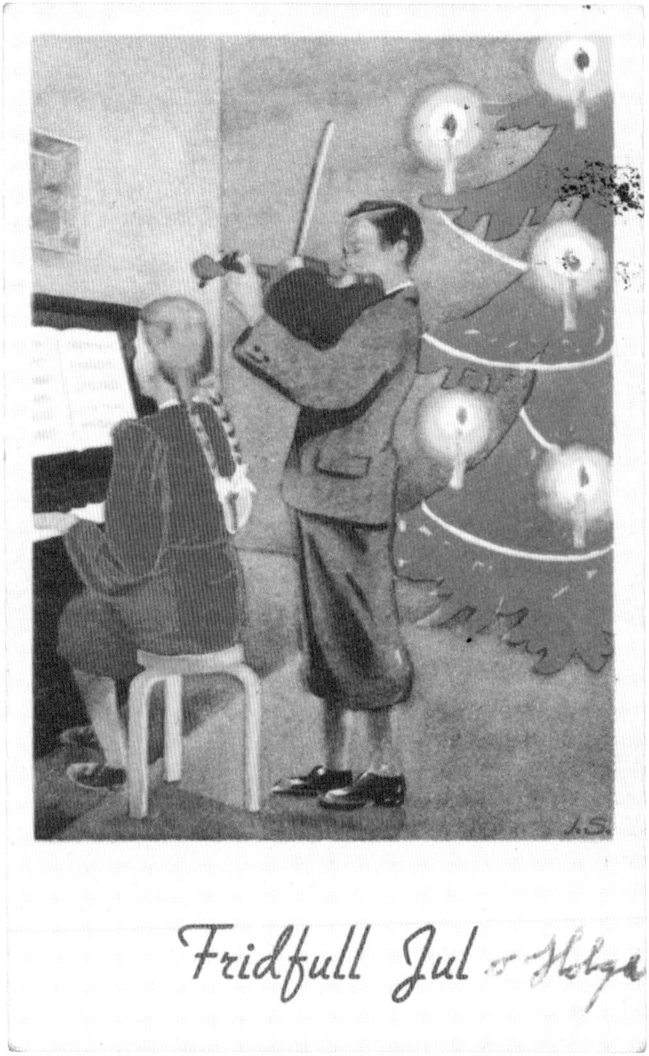

1

2

3

4

昔から密接に結びついているクリスマスと音楽

5

6

代わり、自分たちの地域の言語をミサに導入する変革が行われました。中でも宗教改革の中心人物、マルティン・ルターはキリスト教の教えを一般市民に広めるため、聖書や教会音楽の歌詞をドイツ語に訳しました。この結果、それまでは聴くことが主であった教会音楽が、皆で歌うことの出来る新しいタイプの讃美歌へと発展しました。

一方、クリスマスの音楽には「クリスマスキャロル」というものがあります。元々、民衆が日常生活で親しんでいたのは、教会の音楽よりも民謡のような世俗的な民衆歌でした。このうち12世紀から14世紀までのダンスソングとしてポピュラーに歌われた民衆歌を「キャロル」といい、街角や家々を訪ねてそれらを歌う事を「キャロリング」といいます。その後、お祭りなどの行事の際にこれらの曲の旋律を借りてキリスト教に関係する歌詞を付けたものが聖歌として歌われるようになり、それが現在のキャロルとなりました。それらキャロルの中でもキリストの降誕説話の内容(あるいはその隠喩)を歌詞にし、主にクリスマスから公現節の1月6日までのクリスマス期間中に歌われるものが「クリスマスキャロル」と呼ばれています。

1. クリスマスカード「クリスマス音楽を楽しむ家族」(1948年 フィンランドで使用)／*2.* 切手「演奏する天使」(ハンガリー 2010年発行)※天使の羽が銀色の箔押し／*3.* 切手「楽譜を持つ天使」(バチカン市国 1990年発行)／*4.* 切手4種のうちの3種「キャロルダンス、キャロリングを楽しむ人々」(英国 1978年発行)／*5.* 切手6種「クリスマスソングと歴史」(ニュージーランド 1997年発行)／*6.* 小型切手シート「音楽を奏でる天使」(英国 2007年発行)※賛美歌作詞者チャールズ・ウェスレー誕生300年記念

クリスマスの仮装

Christmas costume

1

キリスト教系の学校や幼稚園ではクリスマスにはページェントが必ず行われます。ページェントとは歴史や伝説を見せる劇という意味ですので、クリスマスページェントは「クリスマス物語」を見せる劇、すなわち降誕劇の事です。クリスマスページェントにおいては、子供たちは演じると同時に観客でもあるという側面もあるので、「それがそのまま礼拝となる」と位置づけされています。もちろん役割ごとに子供たちは扮装、つまり仮装をするのですが、各種出版されているクリスマスページェントの台本には、どのような仮装がどの場面で必要なのかの細かい指示が書いてあるものも見受けられます。

さて、これら宗教的な教育あるいは礼拝としての降誕劇の他にも、クリスマスのお楽しみとして行われる仮装がありました。子供たちはクリスマスの行事を主にそれぞれの家庭で楽しむのですが、他にキリスト降誕にちなんだ衣装を付けて外を練り歩く仮装行列もあり、それも大きな楽しみでした。東方の三博士、ローマの兵士、星、天使などの役に人気があったようです。

クリスマスには、
クリスマスページェント
（降誕劇）での仮装や、
キリスト降誕にちなんだ
衣装を付けた仮装行列もあり、
大きな楽しみの一つです

2

3

4

特に、この仮装行列の中で有名なのが「星の子 Star Boys」と呼ばれるもので、東方の三博士の旅を描く中世劇の名残といわれています。北欧やバルト諸国、ポーランドやロシアなどのクリスマスシーズンには、子供が三博士に仮装して竿の先に付けた星飾りを高く掲げてパレードしました。16世紀に始まったといわれる習慣ですが、この「星の子」たちは各家を回ってクリスマスキャロルを歌ったりしておもてなしのお金やお菓子などをもらいました。もらったお金は慈善活動に使われます。

現在では学校などで行われるクリスマスページェントのみが生き残り、星の子のような習慣は廃れつつあるようです。

6

7

5

1. クリスマスカード「天使の仮装」（1908年 フランスで使用）／*2.* クリスマスカード「1911年当時のフィンランド・オウル市の子供の仮装行列」（2002年 フィンランドで使用）／*3.* 切手「子供によるクリスマスページェント（2004年 アンドラ発行）／*4.* 見本切手「星の飾りを持つ子供たち（星の子）」（ドイツ 1983年発行）／*5.* 小型切手シート「星の飾りを持つ子供たち（星の子）」（モルドバ 2008年発行）／*6.* 初日印カバー「子供によるクリスマスページェント」（オーストラリア 1986年発行）／*7.* 初日印カバー「クリスマスの仮装行列（星の子）」（フィンランド 1975年発行）

仮面劇とパントマイム

Masque and pantomime

Christmas Pantomime
This favorite Yuletide tradition traces
its origins back to characters like the Harlequin.

1

←道化師劇のダンス場面から発展した「クリスマスパントマイム」

Pantomimes drawn by Barbara Brown
Christmas Special Offer
30p off
Royal Mail Stamps
Twenty at 12½p
£2.20

2

クリスマスの芸能と言えばクリスマスキャロルの歌唱が知られています。15～16世紀においては発明された印刷機によりキャロルは多くの地域に広がり、教会のミサや宗教劇で使われる他、家庭や街頭でも歌われました。イングランドではキャロルを歌う合唱団が近所を回り、温かい飲み物と菓子がふるまわれたり、それに合わせて人々が踊ったりするキャロリングという習慣が一時期定着しました。

↑時代を経て変化した現代の「クリスマスパントマイム」 3

→家庭や街頭で「クリスマスキャロル」を歌う子供たち

4

5

クリスマスの芸能は時代とともに変化していきました

1. 初日印カバー
「仮面を付けたクリスマスパントマイム」
（英国 1985年発行）
2. 切手帳表紙
「クリスマスパントマイム」
（英国 1983年発行）
3. 小型切手シート
「クリスマスパントマイム」
（英国 2008年発行）
4. 切手２種
「クリスマスキャロルを歌う子供たち」
（カナダ 1967年発行）
5. 切手「キャロルスィングする子供たち」
（スロバキア 2006年発行）
6. 初日印カバー
「キャロルスィング」
（英国 1990年発行）

6

←「クリスマスキャロル」を歌う合唱団が近所を回り、歌に合わせて人々が踊ったりする「キャロリング」を描く

これは幸福を祈る歌を歌いながら各戸を回るワッサリング（ノルマン征服までさかのぼる伝統）とキャロルスィングというクリスマスキャロルの歌唱が交わって出来た習慣といわれ、17世紀のピューリタン革命で禁止されるまで続いていたことが分かっています。

さて、ピューリタン革命により取りやめられたキャロリングのような伝統的なクリスマスの習慣を陰ながら擁護するために、ベン・ジョンソンによって書かれた短い戯曲が「クリスマス仮面劇」です。1616年のクリスマスに英国宮廷で上演されました。この仮面劇では昔からのクリスマス習慣のプロテスタント的なところを強調し、国の伝統が捨てられた事をほのめかす風刺的内容になっており、後のクリスマスの芸能に影響を与えました。

その後、18世紀になると人気が出てきたのが「クリスマスパントマイム」です。これは中世以来、伝統的に行われていた寸劇Mummeringから派生したクリスマスの芸能です。パントマイムはイタリアの即興喜劇における道化師劇の無言で踊るダンス場面から発展したのですが、1717年に上演された「処刑されたハーレクイン」がその始まりです。後に台詞や舞台効果が付け加えられ、異性装（本来と異なる性の装束）や喜劇的要素と相まって、クリスマスシーズンの芸能として行われるようになりました。醜い老婦人の役を喜劇役者が演じたり、美しい女優が主人公の男や少年を演じたりするなどの他、下品なダジャレや、有名人の登場、最近の出来事に対する風刺などが人気だそうで、イングランドではクリスマスの伝統として今でも残っています。

Column
コラム

四つ葉のクローバーと蹄鉄が登場するわけ

Four-leaf clover and horseshoes

Hyvää Joulua
Onnellista
Uutta Vuotta

▲クリスマスカード
「四つ葉のクローバー、蹄鉄、その他のクリスマスアイテム」
（1954年 フィンランドで使用）

クローバーの葉を模したデザインは、古代欧州では守護の力を持つものとして知られていました。たとえば、キリスト教伝来以前にはケルト人がお守りとしてクローバーを用いており、アイルランドなどでは「シャムロック」と呼ばれました。そのアイルランドでは、キリスト教を布教するために訪れた聖パトリックが異教信仰との融和を図るため、シャムロックの葉が小さな三つ葉になっていることから、三位一体の教えを認めさせたと伝えられています。このように、三つ葉のクローバー自体も幸運のシンボルであるといわれていたのですが、それよりもっと珍しい四つ葉のクローバーには、より強い力があると信じられています。キリスト教的には、四つ葉のクローバーはマルタ十字の形に似ていることから、幸運や幸福のしるしとされます。

一方、昔から蹄鉄も幸運をもたらすものとされ、これもケルト人がお守りとして用いていました。キリスト教関係の説話では、聖ダンステンが「扉に蹄鉄が飾られている時、悪魔は家の中に入らない」と悪魔に約束させたという物語があります。

本来のクリスマスの期間は1月6日の公現節までなので、日本でいう新年やお正月もクリスマス期間の一部です。そのため、新年を迎える際によく使われていた幸運の印、四つ葉のクローバーと蹄鉄がクリスマスでも幸運のシンボルとして登場するようになったのです。

第９章

カードと切手で楽しむ
クリスマス

Joyful Christmas with card and stamp

第9章

クリスマスカードとは？

What is Christmas card ?

1

2

貴族などの上流階級がお互いにクリスマスの挨拶状を贈りあうという習慣は昔からあったようです。これは近代郵便制度が成立する前からのもので、使用人などを使って届けていました。

さて、現在の形でのクリスマスカードの歴史は意外と新しいものであるとされています。その起源は、一説には19世紀にイギリスの子供たちが作った「クリスマスワークス」だったといわれています。このクリスマスワークス（クリスマス作品）とは、学校での教育の成果を保護者に見せるためにクリスマス休暇の前になると学校で作り、家に持ち帰らせたものです。二つ折りの紙の片側にはきれいな絵が描かれており、もう片方の面に、

「クリスマスワークス」から始まった
現在のクリスマスカードの形は、
近代的な郵便制度の確立により
クリスマスイベントの代表的な
アイテムとなっていきます

3

4

5

6

7

8

1. クリスマスカード「クリスマスカードとサンタクロース、ヒイラギ」(1910年 米国で使用)／*2.* クリスマスカード「クリスマス郵便配達」(1948年 フィンランドで使用)／*3.* 小型切手シート「クリスマス郵便」(2018年 英国発行)／*4.* 切手「クリスマスカードを運ぶ雪だるま」(ロシア 2006年発行)／*5.* 切手「サンタの帽子をかぶった郵便箱、他」(2006年 ブラジル発行)※一部にラメ印刷／*6.* 切手「郵便物を持つサンタクロース」(ベルギー 2005年発行)／*7.* 切手「ポスト」(英国 1983年発行)／*8.* 切手「サンタクロースと手紙」(ペルー 1977年発行)※1965年発行の切手に新郵便料金を加刷(加刷年1977年)

「クリスマスおめでとう」などと子供に書かせて、保護者が学習の成果を分かるようにしました。このクリスマス作品の習慣は、1856年には無くなってしまったことが分かっています。1840年代に時候の挨拶の手紙を送る際、印刷されたカードを購入して用いるという習慣が流布した事が影響したかもしれません。

印刷されたカードは1820年代にイングランドで流行ったバレンタインデー用のものが最初といわれます。では、印刷され市販されるクリスマスカードはどのような経緯で生まれたのでしょうか。その背景は1836年からのローランド・ヒルにより行われた郵便制度改革があると考えられます。ローランド・ヒルは国内郵便料金均一制度を提唱した人で「近代郵便制度の父」と呼ばれています。

近代的な郵便制度の確立により郵便物が相手に確実に届くようになると、手紙やカードは実際的な要件に使われるだけでなく、クリスマスなどの時候の挨拶としても使われはじめるようになりました。これが近代的な意味でのクリスマス郵便、クリスマスカードの由来とされています。

今では、クリスマスカードやクリスマス郵便はクリスマスイベントの代表的アイテムとして、色々なクリスマスデザインに使われています。

第9章

クリスマスカードの起源

The origin of Christmas card

1

現在のように事前に印刷された最初の量産型クリスマスカードがどのように生まれたのかに関しては、諸説あります。しかし、はっきりとしているものとしては、1843年に英国のヘンリー・コール卿がロイアルアカデミー会員のジョン・カルコット・ホースリーに依頼してデザインさせたものが最初といわれています。このクリスマスカードはリトグラフ印刷の後に手彩色した非常に希少なもので、この本でお見せできないのが残念ですが、1,000部が印刷され市販もされたので初めての商業的クリスマスカードと言われています。実はこのコール卿は「近代郵便制度の父」と呼ばれるローランド・ヒルの片腕として郵便制度改革に貢献した人物で、世界最初の切手ペニー・ブラックと世界最初の料額付き郵便封筒マルレディの発行指揮をとったのも、コール卿でした。ちなみにマルレディは1840年にペニー・ブラックと同時に販売された、そのまま差し出すだけで郵送される封筒で、当初は切手を封筒に貼って差し出す方式よりも、こちらのほうが近代郵便制度の中で発達すると考えられていました。

2

3

FORES'S CHRISTMAS ENVELOPE
No. 10.
London. Published by Mess.rs Fores, at their Sporting & Fine Print Repository & Frame Manufactory 41.Piccadilly _corner of Sackville Str.
4

交換の習慣が一部の上流階級だけで行われていたクリスマスカードは、葉書用の半ペニー切手（ハーフペニー）の発行とともに一般大衆の間にも普及するようになっていきました

さて、このコール卿のクリスマスカードは、なかなか普及しませんでした。高価だった上にカードのデザインが不評だったということが原因としてあげられています。しかし、もう一つの要因は高額な郵便料金でした。当時は郵便料金が距離によって決まっていた上、受取人払いでした。そのため1860年頃でも、まだクリスマスカード交換の習慣が一部の上流階級のものだったといわれています。

しかし1870年に初の官製はがきと同時に、葉書用の半ペニー切手（ハーフペニー）が発行されると状況が変わりました。封筒ではない安価な郵便はがきで時候の挨拶のカードが送られるようになったのです。1872年には私製の葉書の製造・販売が認められ、1894年には市販の私製はがきに半ペニー切手の使用が許可されるようになると、裏面の通信欄にきれいな絵が印刷されるようになりました。これが本格的な絵葉書ビジネスを誕生させ、クリスマスカード交換の習慣の普及につながりました。

1. 世界最初の料額付き郵便封筒
「マルレディ 未使用」（英国 1840年発行）
※切手のペニー・ブラックよりもマルレディ封筒の販売が振るわなかった理由の一つとして、その寓話的デザインが不評だった事も挙げられている。

2. 世界最初の切手
「ペニー・ブラック 使用済（赤消し）」
（英国 1840年発行）

3.「ハーフペニー切手 使用済」
（英国 1870年発行）

4.「フォアのクリスマス封筒#10(Fores's Christmas Envelope No.10) 未使用」
（英国 1890年）
※販売の振るわなかったマルレディ封筒だが、その意匠を非常に戯画化した形で、民間から各種の封筒が製作、販売された。一連のフォアの封筒Fores's Envelopesは中でも有名なマルレディ戯画化封筒で、特にクリスマスの風俗を描いた「クリスマス封筒 Christmas Envelope」はよく知られている。

第9章

クリスマスの郵便サービス

Christmas postal service

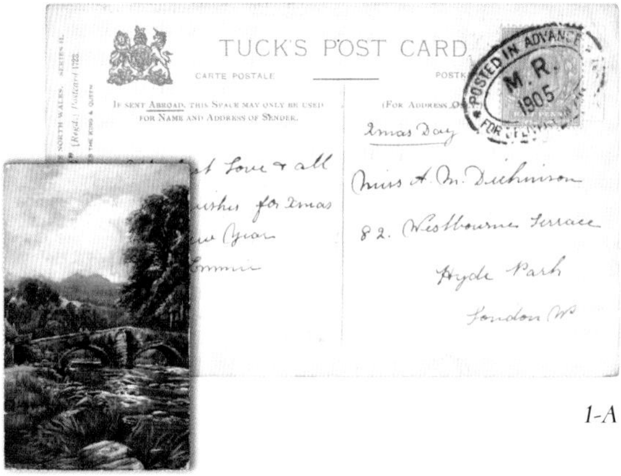

1-A

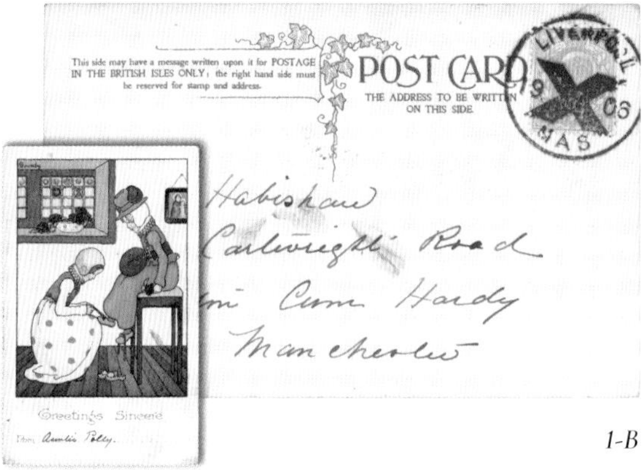

1-B

1. 英国で行われた実験的「クリスマス郵便」制度で送られたクリスマスカード
※左下の写真は絵柄面

1-A. (1905年) 消印タイプ2(黒色楕円形) が押印
1-B. (1906年) 消印タイプ4(丸形、Xmas) が押印
1-C. (1907年) 消印タイプ4(丸形、Xmas) にさらにColumbia 機械式消印タイプ5が押印
1-D. (1908年) Columbia 機械式消印タイプ5が押印
1-E. (1908年) 消印タイプ4(丸形、Xmas) が押印
1-F. (1909年) Columbia 機械式消印タイプ5が押印

2. クリスマス郵便標語印(カナダ 1932年)
※サンタクロースの図案に「クリスマスに届くよう早めに投函を」のメッセージ

3. クリスマス郵便集収封筒(フィンランド 2014年)
※「国内用クリスマスカード(0.75ユーロ)を11月10日～12月12日の期間、この封筒に入れて黄色いポスト、もしくは郵便局専用窓口まで出せばクリスマス前には届く。また、この封筒は大体25通までのクリスマスカードが入る。」との文面が表面に書かれている。

1898年に英連邦諸国間均一郵便制度が実施されると、実用郵便だけでなく、クリスマスカードのような「あいさつ状」の郵便取り扱いも増えていくことになりました。さらに1920年には宛名面にも線で区切れば通信文を書くことが許されるようになり、裏面全面をきれいな絵柄で印刷出来るようになったのです。そのようなわけで古いアンティークのクリスマスカードは大抵が葉書のような形をしています。現在主流の封筒に入れて送る二つ折りの形のクリスマスカードがヨーロッパで普及するのはずっと後になってからです。

さて、19世紀終わり頃にはクリスマスカードを送る習慣が庶民の間にも広がったことから、英国などではクリスマス前の時期に郵便物の取扱量が増えすぎ、郵便局としても何らかの対策が求められました。そこで考えだされたのが、クリスマスの前の一定期間(12月11～22日)に局の窓口でクリスマスカードを事前に受付、その代わりカードの配達をクリスマス当日(12月25日)に確実に行うという「クリスマス郵便」のサービスです。これにより郵便局側は十分な準備期間を確保してクリスマスカードの集配作業を行う事が出来るようになり、一方、利用者側にもカードを確実に受けとることが出来るという利点が生じることになりました。

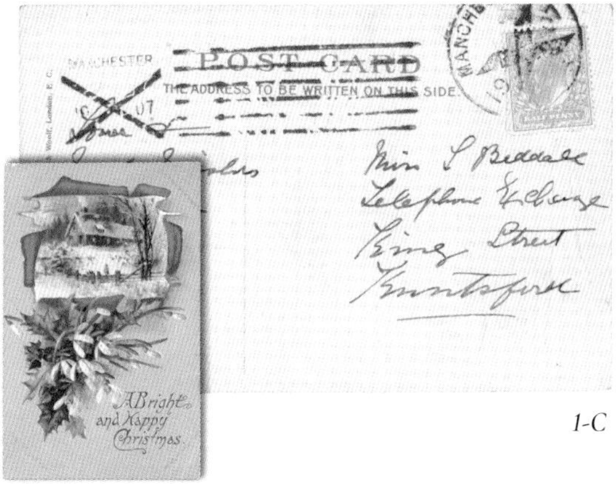

1-C

1-E

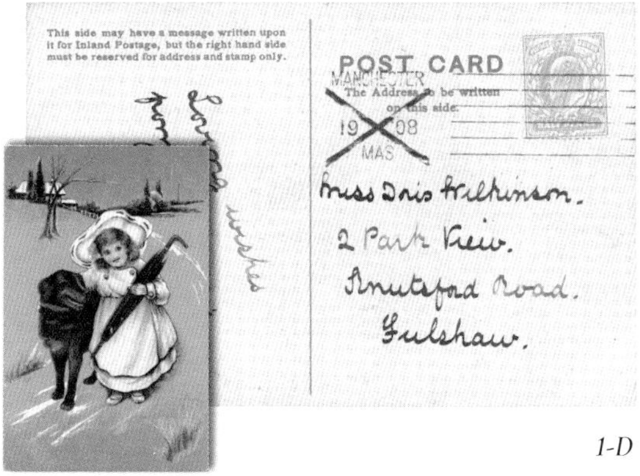

1-D

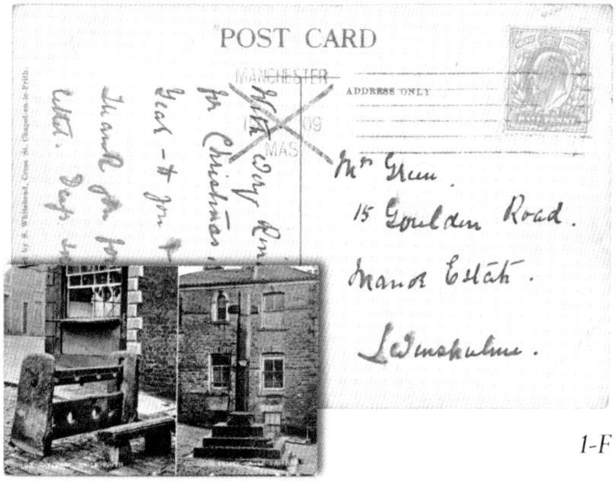

1-F

このアイデアは1902年に英国マンチェスター地方郵政のジョン・フィリップから当時の英国郵政事務次官に提案され、マンチェスターを中心とした地域で試行的に行うことが決まりました。その後、1909年まで四次に分けて地域限定のトライアルが行われたのですが、結局、英国全土での導入は見送られました。

クリスマスに特別に対応する郵便サービスはこれが世界で最初と思われますが、現在の日本の年賀郵便のシステムに似ているのは興味深いところです。今でも「クリスマス郵便は早めに出しましょう」というキャンペーンが各国郵便当局によって行われています。またクリスマスカードの投函や集配業務を円滑に進めるための工夫も続けられています。

2

3

カードとともにやってくるクリスマス

Christmas comes with greeting cards

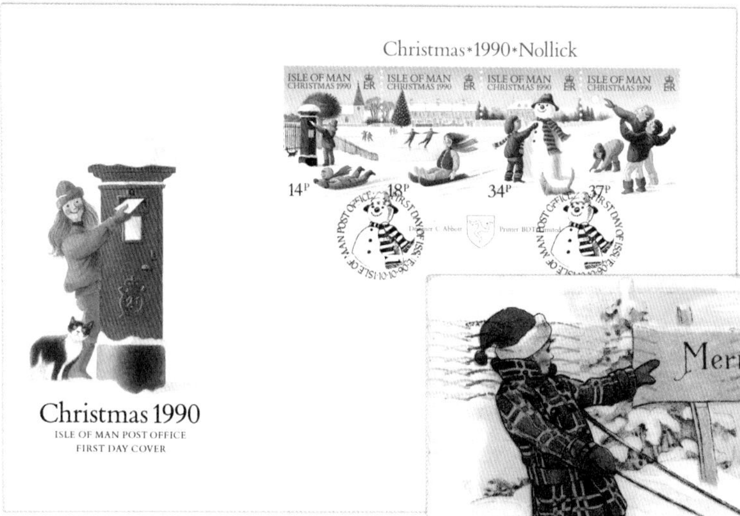

1

2

クリスマスの本場ヨーロッパは日本よりも緯度が高く北にあるので、冬になると極端に太陽が出ている時間が短くなります。そのため日常生活もどことなく暗い雰囲気になりますが、それを打ち破るのがクリスマスシーズンです。

11月30日の「聖アンデレの日」に最も近い日曜日からクリスマスイブまでの約４週間をアドヴェント（待降節）といい、早い年で11月27日から、遅い年でも12月３日から始まりますが、このアドヴェントの期間は広い意味で「クリスマスシーズン」とされます。また国によっては11月11日の聖マルティヌスの日から徐々にクリスマスの行事が始まるところもあります。

クリスマスシーズンになると、街ではクリスマスイルミネーションが飾られ、降り始めた雪と相まって太陽が出ていなくとも明るい雰囲気が醸し出されます。また、クリスマスマーケットが各地で開催され、街の広場が賑わうようになります。ちなみにクリスマスマーケットの最古の記録は独ドレスデン地方のシュトリーツエル市で開催されたもので1434年の事になります。

3

↑ウィーンの市庁舎前広場には毎年クリスマスマーケットが開設される。そのクリスマスマーケットでは消印デザインにもなっているホルンの印の付いた小屋が設置されクリスマスの間、臨時郵便局となる。建物の中に設置されているポストにカードを投函すると、この消印が押印される。

4

クリスマスカードやクリスマス切手には
プレゼントのおもちゃや飾り物、工芸品、冬の遊びなどが描かれ、
カードとともにクリスマスがやってきます

5

6

7

8

さて、アドヴェントが始まると12月25日までにクリスマスカードが送られるようになり、受け取った家ではカードを飾る事で否応なしにクリスマスの雰囲気が高まります。このクリスマスカードが届く時期には、子供たちはクリスマスにもらうプレゼントへの期待感や、クリスマスシーズンの冬の遊びなどわくわくする事がいっぱいで、家族とともに祝祭感が高まっていきます。そのためクリスマスカードやそれを送るためのクリスマス切手の図案は当然の事ですが、クリスマスに関係するものが多くなります。もちろん宗教的に敬虔な気持ちを呼び起こす図案だけではなく、クリスマスプレゼントのおもちゃや飾り物、工芸品、そして冬の遊びなどもデザインとして取り上げられます。今ではクリスマスカードやクリスマス切手とともにクリスマスがやってくるといっても過言ではありません。

1. 小型切手シート初日印カバー「クリスマス郵便を差し出す人と冬の楽しみ」（マン島 1990年発行）／*2.* クリスマスカード「そり遊び」（1922年 米国で使用）／*3.* クリスマス臨時郵便局特殊日付印「ウィーンのアドヴェントマジック」（2014年 オーストリアで使用）／*4.* 初日押印マキシマムカード「カード図案：クリスマスカードとプレゼントを持つ少女」（スイス 1987年発行）／*5.* 見本切手「クリスマスのおもちゃ＝燭台、くるみ割り人形、天使の人形」（ドイツ 1990年発行）／*6.* 切手４種「街中、大聖堂のクリスマスイルミネーション、降誕劇、サンタクロースパレード」（セントヘレナ 2009年発行）／*7.* 切手４種「昔のおもちゃ（クリスマスプレゼント）」（米国 1992年発行）／*8.* 切手２種「サンタクロースに希望のプレゼントを書く少女と手紙を読むサンタクロース」（オーストラリア 2010年発行）

クリスマスの特別な消印

Special cancellation for Christmas

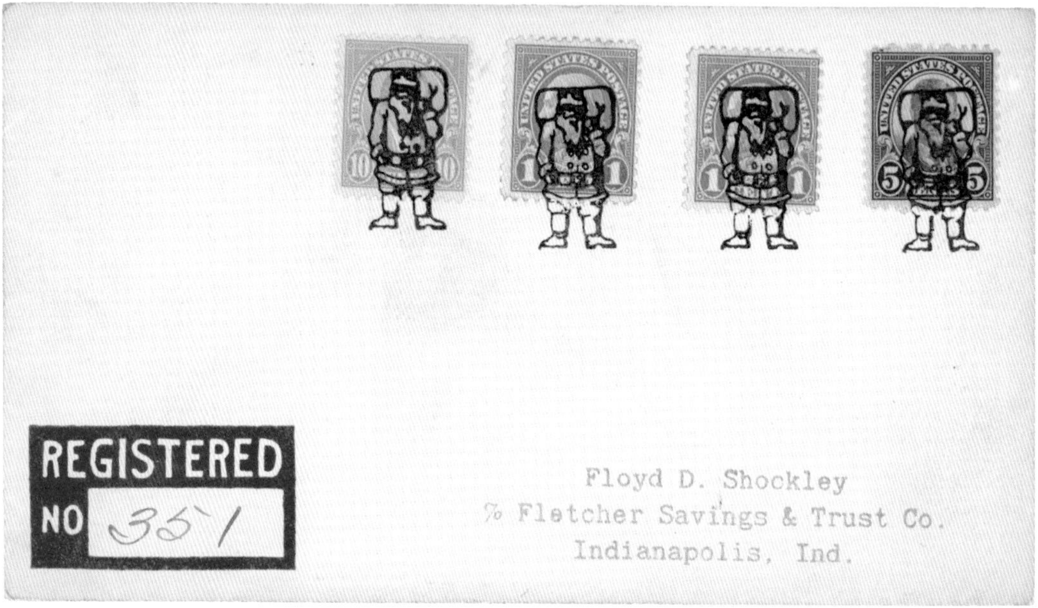

1

郵便物にクリスマスに関係した特別な消印が押されているときがあります。その消印が押されている背景も様々なので、実物を見ながらその由来について考えてみましょう。

米国インディアナ州にある町サンタクロースの郵便局の特殊消印はサンタクロースの形をしています。サンタクロースは1846年にドイツ系移民によって開かれた小さな町で、最初はサンタフェと名付ける予定でした。しかしすでに同じ州内に同名の町があった事からUSPS（米国郵便公社）から断られ、新しい名前を考えなければなりませんでした。当時、町内では色々と議論されたようですが、誰かが冗談で「サンタフェに似ている名前だからサンタクロースにしよう！」と言ったところ、本当にその名前になってしまったとの事です。

米国バーモント州ウッドストックの消印はヒイラギの形をしています。手書きのロウソクがきれいな絵封筒です。このウッドストックという町は「クリスマスの町」として知られており、ワッセイル（クリスマスの香料が入った飲み物）ウィークにはクリスマスキャロルのパフォーマンスや、中世風のクリスマスページェントなどが楽しめるそうです。

ラッパを吹いている天使の消印は豪州ヴィクトリア州クリスマスヒルズのものです。クリスマスヒルズの

サンタやヒイラギなど、
クリスマスに関係した
特別な消印もあります

1. クリスマス特殊消印(Fancy cancel)
「サンタクロース」(米国 1930年)
※米国インディアナ州サンタクロース(Santa Claus, Indiana)局

2. 初日印カバー
「クリスマス飾りとラッパを吹く天使」
(オーストラリア 1993年)
※オーストラリア ヴィクトリア州クリスマスヒルズ(Victoria, Christmas Hills - Yarra Glen)局

3. クリスマス特殊消印(Fancy cancel)
「ヒイラギ」(米国 1929年)
※米国バーモント州ウッドストック(Woodstock, Vermont)局

4. クリスマス郵便用特印
「ヨウル(クリスマス)と星」
(フィンランド 2014年)

5. クリスマス広告印
「聖母子とWünscht Fröhliche Weihnachten」(ドイツ 1987年)
※切手商Hermanne E. Sieger社(独語部分意味Wishes Merry Christmas)の広告印 Baden-Württemberg州Lorch局印

2

3

4

5

名前は、1842年にこの地域の放牧地で行方不明になり、数日間後に発見された解放囚人で羊飼いのデビッド・クリスマスに由来しています。クリスマスヒルズ郵便局は1874年に開局しましたが、1974年に閉鎖されました。しかし今でも近郊のYarra Glen局が代わりにクリスマスヒルズ名の特殊消印を押しています。

その他に多く見られる例としては、クリスマス郵便にその国の郵便公社が押印する「クリスマス特印」があります。クリスマスという意味の言葉が書いてあり、星やオーナメントなどクリスマスアイテムが図案になっていることが多いです。また他のパターンとしては、民間企業がクリスマスセールを狙った「広告印」を出すケースで、クリスマスの関連図案などが描かれます。

近代化する
クリスマスのツール

Modernization of Christmas tools

サンタクロースは1日(24時間)で世界のよい子にクリスマスプレゼントを配らなくてはいけません。そのために1800年代前半にクレメント・ムーアがサンタクロースを描いた頃から、サンタクロースのプレゼントの運搬手段といえばトナカイが引くそりが定番でした。しかしクリスマスカードを見るとトナカイだけでなく、ウマやブタがトナカイの代わりに引くそりも登場します。さて、時代が下るにつれて様々な技術革新が行われ、色々な交通機関が使われるようになりました。フィンランドのサンタクロースがフィンランド航空の飛行機に乗って成田空港に降り立つ姿はすでに日本でもクリスマスシーズンの定番トピックになっています。

クリスマスカードに登場する乗り物を見ても近代化の跡が見られ、自動車やエンジン付きのそり、気球、ヘリコプターなどが登場します。あまりにも今風すぎて興ざめな感もありますが、宇宙時代を背景にクリスマスグリーティングを人工衛星から、あるいは通信技術を使って届ける図案のカードも作られるようになり、技術革新とクリスマスカードの関係も目が離せないものになっています。

ところで、最近では電子メールやSNSなどを使って電子版「クリスマスカード」を送ることも企業などではよく行われるようになりました。経費削減であるとか、カード一枚一枚にサインする手間を省くなどの目的があるようです。

Hyvää Joulua

1

HYVÄÄ JOULUA

2

トナカイの代わりに、自動車やエンジン付きのそり、気球、ヘリコプターなどが描かれ、時代とともに技術革新していくクリスマス

3

4

MINISTERUL COMUNICAȚIILOR ȘI TEHNOLOGIEI INFORMAȚIEI
vă urează
Sărbători fericite!
ROMÂNIA
2000 L
Carte poștală
Destinatar
Expeditor

5

←電子版「クリスマスカード」が添付されたJAXAからのメール

From: 宇宙からクリスマス [fromkizuna@jaxa.jp]
Sent: 2008年12月24日水曜日 11:47
To:
Subject: 宇宙から、メリークリスマス！Merry Christmas from Space

このメールは、はるか宇宙の36,000kmの静止軌道をまわっている超高速インターネット衛星「きずな」(WINDS)を経由して、あなたに届けられています。
このメール送信は、超高速インターネット衛星「きずな」を使ったE-Mail伝送実験に参加した　様からのご依頼によりお送りしました。

Merry Christmas from Space
You have received this e-mail from the high speed internet communication satellite "KIZUNA", which is in orbit 36,000km above Earth.
applied to JAXA for you to receive Season's Greetings fr om space.

※「きずな」がどのような人工衛星か知りたい方は、
JAXAホームページをご覧下さい。
http://www.jaxa.jp/
宇宙航空研究開発機構(JAXA)

6

今では当たり前になった電子メールによるクリスマスカードの送付ですが、技術革新の途上では色々なトライアルがなされました。2008年の事ですが日本の宇宙航空研究開発機構JAXAが「宇宙から、メリークリスマス！」という企画を行っています。これは2008年２月にH-IIAロケット14号機によって打ち上げられた超高速インターネット衛星「きずな」から、衛星経由の電子メール伝送実験の一環として、メールで４種の「クリスマスカードの画像」が送られてくるというものでした。

1. クリスマスカード「気球に乗るサンタクロース」（フィンランド 使用年不明）／*2.* クリスマスカード「ヘリコプターに乗るサンタクロース」（フィンランド 使用年不明）／*3.* クリスマスカ ド「人工衛星に乗るサンタクロース」（ソビエト連邦 1966年）※未使用／*4.* 初日印カバー「トントゥとクリスマスの飾り付け」（フィンランド 1981年発行）※カバーカシェに「サンタクロースが運転するエンジン付きそり」の図案／*5.* クリスマスカード「PCと記録媒体を持つサンタクロース」（ルーマニア 2003年）※未使用／*6.* 宇宙航空研究開発機構JAXAの「宇宙から、メリークリスマス！」（日本 2008年）送られてきたメールと電子版クリスマスカード※カード全４種のうちの１種

クリスマス(複十字)シール

Christmas (Cross of Lorraine) seal

→左に貼られているのが、米国最初の公式クリスマスシール

1

大切なクリスマス郵便のアイテムに「クリスマスシール」というものがあります。日本では複十字シールと呼ばれているものです。この複十字シールは、1903年にデンマークの首都コペンハ・ゲンの郵便局員、アイナール・ホルベにより発案されました。

当時、欧州では結核が猛威をふるい、また特効薬がなかったために栄養を十分とれない貧困層を中心に、社会的な問題になっていました。そこでホルベは、安価で誰でも買えるシールを郵便物に貼ってもらうようにして、その収益金で小児結核の療養所をたてることを発案したのです。この考えは広く国民の支持を受けることになり、最終的にはデンマーク国王の決断のもと、1904年12月10日に最初の複十字シールが発行されました。

2

結核予防運動として始まった複十字シールは欧米ではクリスマスシールと呼ばれています

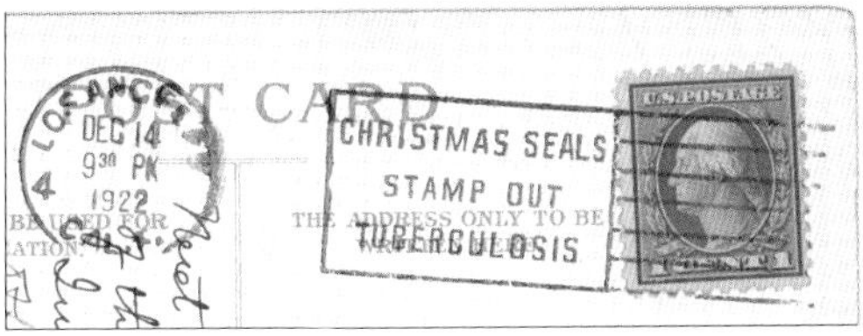

3

4

↑手書きの絵に赤い複十字のマーク

5

6

さらに1907年にはアメリカ赤十字のエミリー・ビッセルがデンマークでの運動を知り、自分でシールを印刷、郵便局のロビーにおいて1シート1ドルで募金を呼びかけました。彼女の私製シールを使った運動は地元有力新聞の協力を得て大きな成果を上げましたが、その実績を見て翌年1908年のクリスマスからアメリカ赤十字本社が公式の複十字シールを発行しました。さらに1919年からは各国の結核予防会がこの運動に参加、今では全世界80か国以上で国際的な結核予防運動として、クリスマスを中心に大々的に行われています。

この複十字シールは切手によく似ていますが、複十字マークが書かれているので簡単に区別出来ます。またシールの図案にはクリスマス関連のものが使われる例が多く、欧米ではクリスマスシールと呼ばれるようになりました。もちろん、必ずしもクリスマスと関係のない図案のものもあります。

切手ではないので、切手の収集家からはあまり興味を持たれないのですが、元々クリスマスカードに貼る切手様のものであること、初期の例をのぞいてはクリスマスに関連する図案が採用されることが多いことから郵便に関わるクリスマス関連アイテムとして収集している人もいます。

1. 米国最初の公式クリスマスシールを貼ったカード（米国1908年）／*2.* クリスマスシール（オーストリア 1908年）／*3.* クリスマス標語印（1922年）※消印に「クリスマスシールで結核を撲滅」の文字／*4.* クリスマスカバー（米国 1935年使用）※カシェに手書きの絵と複十字のマーク／*5.* クリスマスシール（フィンランド 1950年）※多色刷り印刷の工程／*6.* クリスマスシールを貼ったカード（フィンランド 1950年）

Column
コラム

クリスマス切手

Christmas Stamps

1

2

3

1. 世界で最初のクリスマス切手2種（カナダ 1898年発行）
2. 寄付金付きクリスマス切手2種「天使、キリスト」（ドイツ 1999年発行）
3. クリスマス切手「シチメンチョウ」（キューバ 1955年発行）

世界最初のクリスマス切手は、1898年12月７日にカナダで英連邦諸国間均一郵便制度を記念して発行された切手です。世界地図で大英帝国領土が赤く示されていますが、南アフリカの部分の着色は議論を巻き起こしました。図案下部に制度実施開始日の「XMAS 1898」という文字が入っているこの切手は、帝国領土内では郵便料金が割安になる事を示そうとしているそうです。ちなみに切手下部の言葉はヴィクトリア女王50年祝典を記念した「A Song of Empire」からの引用句です。この切手は、クリスマスを祝う用途として発行される一般的な「クリスマス切手」ではありませんが、収集家の間では「世界最初のクリスマス切手」として非常によく知られているものです。

その後1930～50年代になると様々な国や地域でクリスマスグリーティング用の切手＝クリスマス切手が発行されるようになりました。多くの国ではクリスマスシーズンに発行される切手に慈善活動に割り振られるための追加料金が加えられることが習慣になっています。またキューバのクリスマス切手の売り上げは肺結核撲滅運動の財源として使われたといわれています。

あとがき *afterword*

これまでもクリスマスと郵便を合わせた解説文は、数は少ないながらも世に紹介されてきました。しかしそのほとんどが切手や郵便物に焦点を当てたもので、クリスマスの文化を紹介するものとしては読んでいて物足りなさを感じていました。そのため、いつかはクリスマスカードや郵便物を使って、クリスマスの文化をわかりやすく紹介する本が出版されればいいのにと思っていました。また、クリスマスカードの収集は私の二つの趣味の「クリスマス文化研究」と「郵趣」を併せたもので、いつかはまとめた形で世の中に披露したいと考えていました。そうしたところ、今回ありがたい事にクリスマス本を執筆する話が私に舞い込みました。

本書は2004～05年にかけて「川越YUSHU」に12回連載された「北の国からのグリーティング」の構成をベースに、2013年に切手の博物館で開催された「切手の博物館のクリスマス」に出展した郵趣作品「クリスマス物語」の内容を土台として書き下ろしたものです。掲載されたクリスマスカードや切手、その他のものはすべて私の収集所蔵品ですが、上記二件で披露した収集品とはかなり入れ替えています。またクリスマスに関する解説文も、これまで説明不足であったところを付け加え、あるいは大胆に削り、一から新たに書くつもりで臨みました。今回、本書の執筆の機会を与えてくださった関係者の皆様、お世話になった編集のスタッフの方々に厚く御礼申し上げます。

なおクリスマスに関する話は色々な学説や説話などが入り乱れ「諸説ある」状態です。今回は紙面の関係から、そのすべてを紹介する事は難しいので、「よく知られているもの」や「わかりやすいもの」を選んで紹介しています。下記の参考文献には、本書で紹介しなかった諸説も解説されていますのでご興味のある方はお読みください。

2023年10月

著者プロフィール

木村 正裕（きむら まさひろ）

クリスマス文化研究家
クリスマスカード収集家

クリスマス文化の解説者としてNHK「チコちゃんに叱られる」などTVやメディアに出演の他、番組監修や執筆活動、クリスマスイベントの企画・監修・コーディネートなどを行う。
公益財団法人日本郵趣協会・終身維持会員、駐日フィンランド大使館商務部・上席商務官。フィンランド共和国からフィンランド獅子勲章（ナイト位）を叙勲。

【主要参考文献】

木村正裕「クリスマス物語」切手の博物館研究紀要 第10号（一般財団法人 切手の博物館／2013年）、ジュリー・ボウラー（日本語版監修・中尾セツ子）「The World Encyclopedia of Christmas クリスマス百科事典」（柊風舎／2007年）、クリスマスおもしろ事典刊行委員会「クリスマスおもしろ事典」（日本キリスト教団出版局／2003年）、宮田光雄「ベツレヘムの星 聖書的象徴による黙想」（新教出版／2005年）、東京YMCA編「クリスマスを楽しく」（日本基督教団出版局／1963年）、JDクロッサン、MJボーグ（訳・浅野淳博）「最初のクリスマス」（教文館／2009年）、舟田詠子「誰も知らないクリスマス」（朝日新聞社／1999年）、若林ひとみ「クリスマスの文化史」（白水社／2004年）、C.ルパニョール（監修・渡辺義愛）「サンタクロースとクリスマス」（東京書籍／1983年）、荻原雄一「サンタクロース学」（夏目書房／2001年）、グイド・クノップ（訳・中村康之）「戦場のクリスマス 20世紀の謎物語」（原書房／2006年）、富田弘「板東俘虜収容所」（法政大学出版局／1991年）、河合優利佳「研究ノート・絵本における動物表現をめぐって：熊の歴史から考察する」（国立情報学研究所）、クロディーヌ・ファーブル＝ヴェサス（訳・宇京頼三）「豚の文化誌」（柏書房／2000年）、石川和夫「クリスマスとイースターの祝い方」（日本基督教団出版局／1983年）、アンソニー・F・アヴェニ（訳・勝貴子）「ヨーロッパ祝祭日の謎を解く」（創元社／2006年）、スー・アルトハウス「教会の祭りと行事の祝い方」（日本基督教団出版局／1985年）、金澤正剛「キリスト教と音楽」（音楽之友社／2007年）、川端純四郎・関谷直人 編著「クリスマス音楽ガイド」（キリスト新聞社／2004年）、川又一英「エチオピアのキリスト教 思索の旅」（山川出版社／2005年）、今橋朗・船本弘毅・松本富士男 編「クリスマスの招き」（燦葉出版社／1977年）、今橋朗・四竈揚 編「クリスマス劇集」（日本基督教団出版局／1974年）

絵葉書と切手で知る
クリスマスの世界

2023年11月20日　第1版第1刷発行

著　　者　木村正裕
発　　行　切手の博物館（一般財団法人 水原フィラテリー財団）
〒171-0031 東京都豊島区目白1-4-23
電話 03-5951-3331　FAX 03-5951-3332
E-mail：info@kitte-museum.jp　https://kitte-museum.jp/
発 売 元　株式会社 郵趣サービス社
〒168-8081（専用郵便番号）東京都杉並区上高井戸3-1-9
電話 03-3304-0111（代表）　FAX 03-3304-1770
【オンライン通販サイト】http://www.stamaga.net/
【外国切手専門ONLINE SHOP】https://stampmarket.biz/
制　　作　株式会社 日本郵趣出版
編　　集　三森正弘
デザイン　下川那奈子
印刷・製本　シナノ印刷株式会社

令和5年10月16日　郵模第3047号　ISBN978-4-88963-877-6 C0016

切手の博物館の本

※荷造送料は消費税10％が含まれています〈荷造送料各345円〉

もっと収集を楽しむ40話
続・切手もの知りBook

商品番号 8065
定価1,320円
(本体1,200円+税10%)
田辺龍太・著
2023年５月25日刊行
B5変形判・並製／
88ページ・オールカラー

収集を楽しむ40話
切手もの知りBook

商品番号 8187
定価1,320円
(本体1,200円+税10%)
田辺龍太・著
2019年１月25日刊行
B5変形判・並製／
88ページ・オールカラー

絵はがきから鉄道切符まで
紙モノ・コレクション大百科

商品番号 8062
定価1,650円
(本体1,500円+税10%)
三遊亭あほまろ・著
2020年11月15日刊行
B5変形判・並製／
112ページ・オールカラー

切手から生まれたぽすくま
10th ANNIVERSARY BOOK

商品番号 8063
定価1,320円
(本体1,200円+税10%)
監修・日本郵便株式会社
2022年９月10日刊行
B5変形判・並製／
96ページ・オールカラー

古典芸能トリビアBook
歌い踊る切手

商品番号 8189
定価1,650円
(本体1,500円+税10%)
中村雅之・著
2019年10月25日刊行
B5変形判・並製／
96ページ・オールカラー

〈切手の博物館開館20周年記念出版〉
著名人の切手と手紙

商品番号 8185
定価1,019円
(本体926円+税10%)
2016年11月20日刊行
B5変形判・並製／
88ページ・オールカラー

ワイド版
最新世界切手地図

商品番号 8064
定価1,980円
(本体1,800円+税10%)
2022年11月20日刊行
B5判・並製／96ページ・オールカラー

平成・普通切手総図鑑

商品番号 8188
定価1,540円
(本体1,400円+税10%)
濱谷彰彦・監修
2019年５月20日刊行
B5変形判・並製／
136ページ・オールカラー